智儼大師

高僧傳

華嚴宗義創建者

編撰——李治華　陳琪瑛

【編撰者簡介】

李治華

輔仁大學哲學博士。現任華梵大學佛教藝術學系專任助理教授，華梵東方人文思想研究所、華嚴專宗研究所兼課教師，法鼓《人生雜誌》電影專欄作家。曾任：華梵大學佛學系主任，法鼓山僧伽大學、圓光佛研所教席。著有：《楞嚴經新詮》、《智儼思想研究》（博士論文），發表論文或作品數十篇，致力於佛教經典的現代詮釋。

陳琪瑛

陳琪瑛，國立臺灣師範大學文學博士。現任教於銘傳大學應用中文系、華嚴專宗研究所、法鼓山僧伽大學、法鼓山中山精舍；曾任教於佛陀教育基金會「華嚴專班」、華梵文教基金會「華嚴課程」。著有《《華嚴經》的空間美學》、《尋找善知識——《華嚴經》善財童子五十三參》、《信解行證入華嚴——華嚴經法要》等書，及多篇單篇論文。

【「高僧傳」系列編輯序】

令眾生生歡喜者，則令一切如來歡喜

「為佛教，為眾生」六個字，乃是印順法師於臺北市龍江街慧日講堂（後因大門遷移，地址遷至朱崙街）為證嚴法師授予三皈依、並賜法名時的殷殷叮囑：「既然出家了，你要時時刻刻為佛教、為眾生。」

依證嚴法師解釋：「為佛教」是內修清淨行，「為眾生」則要挑起如來家業，走入人群救度眾生。因此法師稟承師訓，一心一志「為佛教還原教義，為眾生點亮心燈」，而開展慈濟眾生的志業。

證嚴法師開創「靜思法脈，慈濟宗門」，並將其與「為佛教，為眾生」合釋：「靜思法脈」乃「為佛教」，是智慧；「慈濟宗門」即「為眾生」，是大愛。

進而言之，「靜思法脈，慈濟宗門」即菩薩道所強調的「悲智雙運」：「靜思法脈」是「智」，「慈濟宗門」是「悲」；傳承法脈、弘揚宗門就要「悲智雙運」，積極在人間發揮慈、悲、喜、捨四無量心。此亦即慈濟人開展四大志業、八大法印時的根本心要。

由其強調「悲智雙運」可知，「靜思法脈，慈濟宗門」並非標新立異，而是傳承佛陀教法以及漢傳佛教歷代高僧的教誨——包括身教與言教，並要求身心皆徹底踐履。為了讓世人明瞭慈濟宗門之初心與悲願，也讓這些歷代高僧的事蹟與精神更廣為人知，大愛電視臺秉持證嚴法師的信念，於二〇〇三年起陸續製作《鑑真大和尚》與《印順導師傳》動畫電影，將佛教史上高僧大德的動人故事，經由動畫電影的形式，傳遞到全世界。

因為電影的成功，大愛電視臺進一步籌畫更詳盡的電視版〈高僧傳〉——採取臺灣民眾雅俗共賞的歌仔戲形式。〈高僧傳〉的每一部劇本都是經過數個月的資料研讀與整理，縝密思考後才下筆，句句考證、字字斟酌。製作團隊感受到每一位大師皆以身作則、行菩薩道的特質，希望將每位高僧的大願與大行傳遍世界。

然而，不論是動畫或戲劇，恐難完整呈現《高僧傳》中所載之生命歷程，以及諸位高僧與祖師之思想以及對後世之貢獻。因此，慈濟人文志業中心便就〈高僧傳〉歌仔戲所演繹過的高僧，以《高僧傳》及《續高僧傳》之原著為基礎，含括了日、韓等國之佛教史上的知名高僧，編撰「高僧傳」系列叢書。我們不採取坊間已有之小說體形式，而是嚴謹地參照人物評傳的現代寫法，參酌相關之史著及評論，對其事蹟有所探討與省思，並將其社會背景、思想及影響皆納入，雜揉編撰，內容包括高僧的生平、傳承及主要思想或重要經典簡介。從中，我們不僅可以讀到歷代高僧的智慧與悲心，亦可一覽相關的佛教史地、典籍與思想。

在編輯過程中，我們可以看到歷代高僧之「為佛教，為眾生」：鳩摩羅什飽受戰亂、顛沛流離，仍戮力譯經，得令後人傳誦不絕，乃是為利益眾生；玄奘歷萬里之險取得梵本佛經、致力翻譯，其苦心孤詣，是為利益眾生；鑑真六次渡海欲至東瀛傳戒，眼盲亦不悔，是為利益眾生；六祖惠能隱居十五載以避害身之禍，只為弘揚如來心法，並言「佛法在世間，不離世間覺；離世求菩提，猶如覓兔角」，亦是為利益眾生……

這些高僧祖師大可獨善其身、如法修行以得解脫，為何要為法忘身、受諸逆境而不退？究其根本，他們不只是為了參究佛法，而是深知弘揚大乘佛法的目的乃在於大慈大悲地度化眾生、讓眾生能得安樂；若不能讓眾生同霑法益，求法何用？如《大智度論．卷二七》所云：

一切諸佛法中，慈悲為大；若無大慈大悲，便早入涅槃。

由此可知，就大乘精神而言，「為佛教」即應「為眾生」，實為一體之兩面。

「大悲」為「諸佛之祖母」

除了歷代高僧之示現，「為眾生」之菩薩道的實踐，於經教中更是多不勝數、歷歷可證。例如，《無量義經．德行品第一》便說明了菩薩作為眾生之大導師、大船師、大醫王之無量大悲：

無量大悲救苦眾生，是諸眾生真善知識，是諸眾生大良福田，是諸眾生不請之師，是諸眾生安隱樂處、救處、護處、大依止處。處處為眾作大導師，能為生盲而作眼目，聾劓啞者作耳鼻舌；諸根毀缺能令具足，顛狂荒亂作大正念。船師、大船師運載群生渡生死河，置涅槃岸；醫王、大醫王，分別病相曉了藥性，隨病授藥令眾樂服；調御、大調御，無諸放逸行，猶如象馬師，能調無不調；師子勇猛，威伏眾獸，難可沮壞。

如來於《法華經．觀世音菩薩普門品》中宣說，觀世音菩薩更以三十三種應化身度化眾生：

佛告無盡意菩薩：善男子，若有國土眾生，應以佛身得度者，觀世音菩薩即現佛身而為說法；應以辟支佛身得度者，即現辟支佛身而為說法；應以聲聞身得度者，即現聲聞身而為說法；應以梵王身得度者，即現梵王身而為說法；應以帝釋身得度者，即現帝釋身而為說法……應以天龍、夜叉、乾闥婆、阿修羅、迦樓羅、緊那羅、摩侯羅伽、人非人等身得度者，即皆現之而為說法；應以執金剛神得度者，即現執金剛神而為說法。無盡意，是觀世音菩薩成就如是功德，以種種形遊諸國土，度脫眾生，是故汝等應當一心供養觀世音菩薩。是觀世音菩薩摩訶薩，於怖畏急難之中能施無畏，是故此娑婆世界皆號之為施無畏者。

為何觀世音菩薩要聞聲救苦？因為菩薩總是「人傷我痛、人苦我悲」，恆以「利他」為念。如《大丈夫論》所云：

菩薩見他苦時，即是菩薩極苦；見他樂時，即是菩薩大樂。以是故，菩薩恆為利他。

正是因為這般順隨眾生、「以種種形」而令其無畏的無量悲心，讓觀世音菩薩受到漢傳佛教乃至於華人民間信仰的共同崇敬。慈濟人之所以超越貧富、超越國界、超越宗教地去關懷與膚慰需要幫助的生命，便是效法觀世音菩薩無量悲心、無量應化的精神。

在《法華經．普賢菩薩勸發品》中發願、將於佛滅後守護及教導受持《法華經》之眾生的普賢菩薩，於《華嚴經．普賢行願品》中則教導善財童子如何供養諸佛，亦揭示了如來、菩薩、眾生的關係：

於諸病苦，為作良醫；於失道者，示其正路；於闇夜中，為作光明；於貧窮者，令得伏藏。菩薩如是平等饒益一切眾生。何以故？菩薩若能隨順眾生，則為隨順供養諸佛；若於眾生，尊重承事，則為尊重承事如來；若令眾生生歡喜者，則令一切如來歡喜。何以故？諸佛如來，以大悲心而為體故。因於眾生，而起大悲；因於大悲，生菩提心；因菩提心，成等正覺。……若諸菩薩，以大悲水饒益眾生，則能成就阿耨多羅三藐三菩提故。是故菩提，屬於眾生；若無眾生，一切菩薩終不能成無上正覺。善男子，汝於此義，應如是解。以於眾生心平等故，則能成就圓滿大悲；以大悲心隨眾生故，則能成就供養如來。

《大智度論．卷二〇》亦云，佛陀強調，大悲心乃是諸佛菩薩之根本，具大悲心方能得般若智慧，亦方能成佛：

大悲，是一切諸佛、菩薩功德之根本，是般若波羅蜜之母，諸佛之祖母。菩薩以大悲心，故得般若波羅蜜；得般若波羅蜜，故得作佛。

「菩薩若能隨順眾生，則為隨順供養諸佛；若於眾生，尊重承事，則為尊重承事如來；若令眾生生歡喜者，則令一切如來歡喜。」閱及此段，不禁令人深深體會證嚴法師之智慧與悲心：慈濟宗門四大、八印之聞聲救苦、無量應化地「為眾生」，也是同時「為佛教」地供養諸佛、令一切如來歡喜啊！

歷代高僧雖未如慈濟宗門般推動慈善、醫療、乃至於環保、國際賑災等志業，乃因其時空因素，欲度化眾生先以弘揚大乘經教與法義為重；現今經教已備，所須的乃是效法菩薩道之力行實踐！慈濟宗門便是上承歷代高僧與經論之教法，推動四大、八印，行菩薩道饒益眾生，以此供養如來。

換言之，歷代高僧之風範、智慧及悲願，為佛教，也為眾生，此即諸佛菩薩之本懷，亦為慈濟宗門之本懷！這便是《高僧傳》系列叢書所欲彰顯者。

遙企歷代高僧儼然身影，我們可以肯定：為眾生，便是為佛教；為佛教，一定要為眾生！

【推薦序】

向大師學習，開創華嚴教學之未來

——賢度法師（華嚴專宗學院院長）

譬如闇中寶　無燈不可見
佛法無人說　雖慧莫能了

——《華嚴經．卷十六．須彌頂上偈讚品》

《大方廣佛華嚴經》文豐義廣，初學者乍然面對數十卷的經文，往往難以得其要旨。在華嚴祖師著作中，完整詮解大經要義、將其中玄奧之理剖出示人者，首推二祖智儼大師的《搜玄記》。大師不僅注解經文，也開創了華嚴判教的基本架構，為三祖法藏之確立五教奠定基礎。

然而，自智儼的時代至今，又已經過一千餘年。現代人所處的環境和語言模式皆已大不相同，要直接由大師著作、原典文獻中了解其學思歷程，對許多人而言並非易事。幸有李治華博士與陳琪瑛博士共同著成《智儼大師：華嚴宗義創建者》一書，為當代的華嚴學者與行者，提供了向大師學習的徑路。

本書對於智儼大師的時代背景、生平事蹟、身後影響，皆有全面而清楚的說明。智儼思想的形成，與當時各教派學說關係密切；本書從攝論、地論等系，到風行一時的三階教，乃至新興的玄奘唯識學等，都先有簡明的介紹，再論其對智儼的影響，令讀者「知其然，亦知其所以然」。此外，亦從智儼的著作中，完整梳理其「立教分宗」，建立判教學說的始末。尤其難得的是，教理方面的內容雖以堅實的學術研究為基礎，但作者確能「深入淺出」，將深奧的知識轉換為平易的語言。

我與本書的兩位作者結識已久。他們在學生時代即鑽研佛學，多次獲頒華嚴蓮社「大專青年慈孝獎學金」；完成學業之後，執教於華嚴專宗學院及大專院校。多年來接引學生由不同的面向認識華嚴：治華老師開設華嚴祖師思想、華嚴學與當代世界等專題，更以《華嚴經》等佛教經典詮解現代電影，用活潑的方式解說佛教思想。琪瑛老師專精〈入法界品〉，擅長由生動的故事帶出佛法義理，拉近聽者與《華嚴》的距離；近年也以平淺的文字解析華嚴法要，著成《信解行證入華嚴》一書。

在大環境急遽變動的今日，傳統佛教的弘講方式面臨挑戰，亟需有才有志者一同開創新局。非常樂見兩位老師不僅具備專精的知識，更發心、發願以現代化的方式，為年輕世代開拓學習華嚴的嶄新途徑。他們的教學和創作，是華嚴佛教的重大收穫，也對華嚴蓮社多年的獎學、育才，做出了最好的回饋。期待兩位老師持續以講說和文字接引後學；也盼望此書的出版，啟發當代的學者、行者共同努力，發展適應時代的弘法途徑，開創華嚴教學的未來。

【編撰者序】

華嚴宗思想體系的真正創建者

——李治華

華嚴宗傳統以來有五祖的祖統說，即：初祖杜順（西元五五七至六四〇年）、二祖智儼（六〇二至六六八年）、三祖法藏（六四三至七一二年）、四祖澄觀（七三八至八三九年）、五祖宗密（七八〇至八四一年），華嚴宗的教義主要便是由這五位祖師開創與形成。

在佛教史上，杜順以禪觀神異聞名，據傳為文殊菩薩的化身，被追溯為華嚴宗初祖。法藏是華嚴宗教義的大成代表，澄觀的《華嚴經疏》、《華嚴經隨疏演義鈔》享有盛譽，宗密的「禪教一致」與「三教和會」廣受注目，唯獨智儼長久以來較被忽略。不過，約從一九六〇年起，學者已經紛紛指出，智儼是華嚴宗教義的奠基者，華嚴宗教義的基本規模是由智儼所創建的。

華嚴宗的教義既高明又圓融，是中國佛教思想上的理論高峰；而智儼對《華嚴經》的詮釋，呈現了華嚴宗教義的基本雛型，形成了初期華嚴宗教義的發展軌跡。智儼是如何從南北朝「南三北七」的雜多佛教思想中，繼承、批判、創造、發展，奠定出華嚴宗教義的基本規模？從本書中，可以看到形成中國佛教理論頂峰華嚴宗教義的原初創建過程。

本書在智儼的生平與著作上，博採諸多傳記、經錄等文獻，展現智儼的可能生平及其著作概況。在智儼思想的來龍去脈上，從隋末唐初的歷史背景，以及《華嚴經》、杜順、攝論學派、地論學派、唯識宗、天台宗、禪宗、淨土教、三階教、中國固有思想等方面，論考智儼思想成分的來源，瞭解智儼如何承先啟後，創建華嚴宗教義。其中尤其注重智儼「立教分宗」的判教思想，包含：智儼早期的三教判、晚期的五教判與《華嚴經》教判。本書透過對智儼的承先啟後、學思發展、《華嚴經》詮釋等方面的考察，呈現出初期華嚴宗教義的創建過程。

智儼初創華嚴宗，雖然他本身的思想高明，但在表現華嚴教義上則反映出草創時期未加妥善統整的風貌，其高徒法藏則繼承智儼而統整集成。法藏的學說是華嚴宗教義的大成典範，智儼的光芒難免被法藏掩蓋；不過，若要追究創建這些理論的曲折紆迴過程，勢必回溯到智儼，從中明顯可以看到原初的洞見與披荊斬棘的奠基歷程。智儼實居創建中國佛學理論頂峰華嚴宗教義的關鍵地位，在思想史承先啟後的地位上，智儼尤顯重要。

華嚴學從法藏早期的《華嚴一乘教義分齊章》（又稱《五教章》）起，可謂已經跨越了初期的草創階段，進入成熟期；從法藏繼承發展智儼的學說上，可以看見初期創建與發展大成之間的顯著區別。在智儼弟子中，另有新羅來的義相，之後成為韓國華嚴宗初祖，為華嚴宗在海外開創出了另一片天地。

筆者與琪瑛老師受慈濟傳播人文志業基金會邀稿，共同撰述《智儼大師：華嚴宗義創建者》一書。筆者的哲學博士論文題目為《智儼思想研究——以初期華嚴宗哲學的創立過程為主軸》，智儼大師正是筆者的專長所在。撰寫本書時，減少了以往對哲學理論的探討，而增加了歷史傳承的敘述。智儼學說的創造性與過渡性都很顯著，因此本書從歷史發展與思想史的角度切入鋪排，更能表現出智儼在佛教思想史的創造發展中，所具有之不可替代的超重量級關鍵地位。

本書的產生，首先感謝筆者博士論文的指導教授、輔仁大學前校長黎建球老師；另特別感謝華嚴專宗學院賢度院長，我與琪瑛老師長期在華嚴專宗研究所任教，多承賢度法師栽培提攜。最後感謝慈濟的邀稿，讓筆者與琪瑛老師有共同撰寫本書的機緣，令智儼大師的智慧與重要性得以讓更多佛法信眾與讀者知曉。

目錄

示現

第三章　從地論學派到智儼

進具之後，聽《四分律》、《八犍陀》、《毘曇》、《成實》、《十地》、《地持》、《涅槃》等經。

第四章　從三階教到智儼

心緣第三階佛法以去，更作餘心，即是顛倒常錯謬故。口唯得說如來藏佛法，更作餘語則是常行誹謗語。

第五章　從玄奘唯識到智儼

依《成唯識論》，但於生死之中，辨因果相生道理，並是轉理門，無真實理。當知，離識以外，更無有法。識者即是不染而染門，如來藏之一義也。

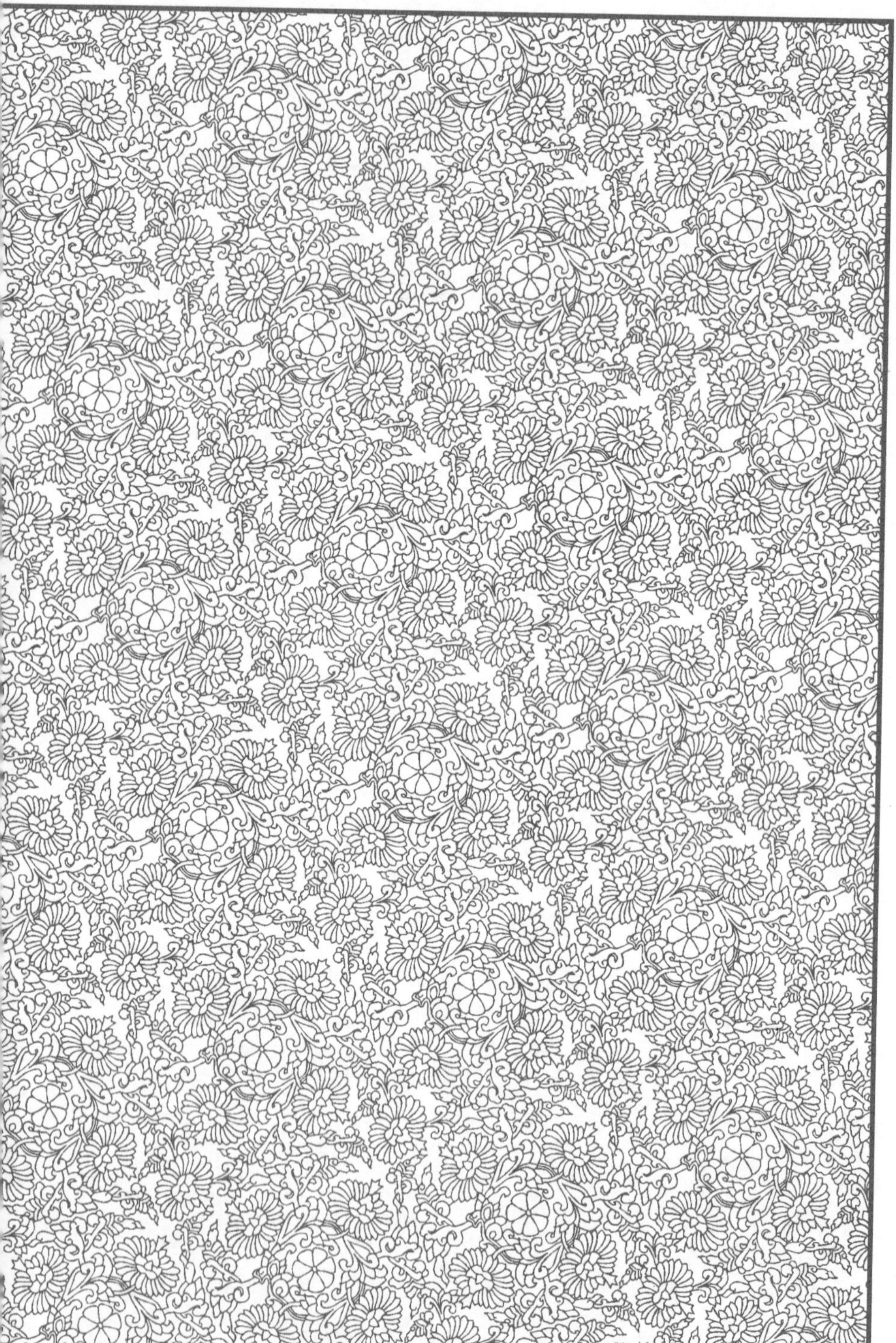

示現

第一章　從杜順到智儼

年十二，有神僧杜順，無何而輒入其舍，撫儼頂謂景曰：「此我兒，可還我來！」

南北朝時期，隨著各種佛教經論的大量傳入與講學，中國佛學與起了涅槃、成實、三論、四論、地論、攝論、四分律、十誦律、淨土、楞伽等十餘學派，佛教經論在中國初傳與動亂分裂的時代，諸師所學多屬局限，鑽研某類佛典，處於理解、消化、吸收為主的移植印度佛典的階段，佛學總體上表現出了「多元局部」的面貌。

盛世隋唐，開創圓教

隋唐佛教有著從學派到宗派的轉變，以往的各種師說學派只是由眾多論述某種學問的人所形成的。隋唐時期，由於國家統一、寺院經濟發達，在所屬寺院中，師承代代相傳，立教開宗，於是形成更具嚴格意義的宗派法脈傳承系統。

隋朝統一南北，諸師廣學多聞者漸多，醞釀已久的多種學說也表現出了「會歸統合」的趨勢。在充分消化傳來的佛學後，面對統合諸說的工作，激發、開展出了創造性的義理詮釋，同時更加成熟地朝向佛教中國化之路，並追求圓滿的教說，其中尤以隋代天台宗與唐朝華嚴宗的圓教之說為代表。

出生於隋代的智儼，就是在佛教界從「多元局部」朝向「會歸統合」發展的狀況下，吸收、消化各種學說，創建了與大唐富麗文明相輝映的圓教華嚴宗。

北周武帝宇文邕執政後，積極推廣漢化並勵精圖治，於西元五七五年發兵征北齊，五七七年統一華北，國力一度興盛。傳至宇文闡後，為楊堅所滅，改元開皇，國號大隋。

隋文帝楊堅繼承北周的強大，西元五八一到五八八年，隋文帝採取休養生息的政策，一方面改革法律，廢除嚴刑峻法；一方面大力發展經濟，減輕農民負擔，國力大增。對外，和南朝陳採取和好的措施，幾年相安無戰事。任人唯賢，知人善用，抑制外戚勢力發展，等待條件成熟，暗中準備統一中國的大謀略。西元五八七年廢除後梁，開皇九年（五八九年）攻滅南朝陳，同年琉球群島歸降隋朝，西北突厥也歸降。隔年八月，控制嶺南地區的冼夫人歸附隋朝。至此，天下一統，隋朝結束了中國自魏晉南北朝以來的分裂局面，重新建立統一的國家。

隋文帝統一天下後，中國進入一段和平發展時期。隋文帝治國有方，推行均田制，整頓戶籍，短短二十多年間，人口銳增，全國人口達到五千萬；之後的唐代，直到玄宗時，全國人口才達到約四千一百萬人，猶仍不及。隋煬帝登基就有八百九十萬戶，而唐太宗直到駕崩時才有三百八十萬戶。隋開皇九年已墾田地一千九百四十四萬頃，大業中期已墾田地五千五百八十五萬頃；而唐天寶十四年時，開墾田地僅一千四百三十萬頃。隋朝在各地都修建了許多糧倉，存儲糧食皆在百萬石以上；到貞觀十一年，隋朝滅亡已經二十年，而那時的存糧布帛還未用完。隋朝的富裕與強盛，正是大唐盛世的前導。

隋朝有完善的科舉制度、審定籍貫，澄清吏治，經濟、文化迅速成長，並呈現繁華景象，開創出「開皇之治」。隋文帝仁壽二年（六〇二年），有兩位影響佛教界的人物出世：一是智儼（六〇二至六六八年），創建並奠定了華嚴宗的圓頓教義；一是玄奘（六〇二至六六四年），成就西行取經與譯經的豐功偉業，並為中國唯識宗的創始者。

靈夢誕生，卓異凡童

隋朝是中國歷史中，上承南北朝、下啟唐朝、國祚三十八年的重要朝代。隋朝結束了中國自魏晉南北朝以來的分裂局面，重新建立大一統的國家，奠定日後大唐輝煌盛世的基礎。隋朝對於外族文化的接受度高，並與漢文化融合，與唐朝合為在中國歷史上多元文化開放的朝代。

作為佛教圓頓教高峰思想的華嚴宗，就是在大唐盛世的肥沃土壤上，始得繁花盛開、結實累累。沒有大唐的富麗，扛不起富貴的華嚴；沒有大唐的多元文化，容納不下廣大包容的華嚴思想；唯有盛世如大唐，才能擔起圓頓超勝的華嚴思想之弘傳。而播下這巔峰教義種子的重要推手，就是出生在隋代、成長於唐代的華嚴宗教義之奠基者——智儼大師。

智儼生於隋文帝仁壽二年（六〇二年），卒於唐高宗總章元年（六六八年）。智儼一生，經歷隋代盛世、末代亂世，到大唐盛世，亦即天下由盛而亂、由亂而盛的時期。

智儼的高祖趙弘，是隴西天水（今甘肅省天水市）秦代趙王的後代，為人正直，志趣清高；父親趙景，於隋文帝仁壽元年為吏部任命為申州（今河南省信陽市）錄事參軍。

某日，智儼的母親夢見一位執錫杖的梵僧對她說：「請盡速齋戒，使身心清淨。」驚醒之後便懷了身孕。隋文帝仁壽二年，智儼在甘肅省天水市趙家誕生，滿室異香。

智儼幼時便與一般幼童不同；不是打鬧嬉戲，而是積累石塊成為佛塔的造型，或是編綴繁華成為寶蓋，或是聚集幼童為聽眾、而自己模仿法師說法。智儼的與眾不同，是轉世靈童宿植善根的卓異特徵。據華嚴三祖法藏大師所撰《華嚴經傳記．卷三》：

> 儼生數歲，卓異凡童，或累塊為塔，或緝華成蓋，或率同輩為聽眾而自作法師。生智宿殖，皆此類也。

杜順攜歸，誦持《華嚴》

隋朝大業九年（六一三年），智儼十二歲。某日，華嚴初祖杜順（或稱法順，五五七至六四〇年），在沒有任何前兆及通知的情況之下，突然造訪智儼家，見到智儼即撫摩其頂，並對智儼的父親說：「此我兒，可還我來！」

杜順當時五十七歲，是著名的禪師與神僧，有許多神異感應，聲聞朝野。據《佛祖統紀・卷三九》記載，貞觀六年（六三二年）太宗賜號「帝心」；澄觀《華嚴經隨疏鈔・卷十五》說，相傳杜順是文殊菩薩的化身。名聞遐邇的杜順大師，親臨索兒，智儼的雙親自然毫不猶豫地欣然應允，杜順便攜智儼到終南山北麓的至相寺安單。

至相寺，又名國清寺，位於陝西省西安市南面終南山天子峪內，地處終南山北麓，地勢雄巍，緩平而下；寺院周圍林木環繞，下有百泉匯流，景色秀美。華嚴初祖杜順和二祖智儼皆在此寺常住，故被認為是佛教華嚴宗的發祥地。智儼更因長居於此弘揚《華嚴經》，並撰寫華嚴宗立教的論典《華嚴經搜玄記》，被敬稱為「至相大師」、「至相尊者」。湯用彤在《隋唐佛教史稿》言：「自周末至唐初，終南山為僧人聚居之所，而華嚴學者亦多，且似以至相寺為中心。」

杜順在教學上留下的資料甚少。雖然後世有許多記載為杜順的著作，如

《十玄門》便記載為「承杜順和尚說」，但此一說法可能是後人的比附。現在一般學者認為，能歸屬於杜順的著作，應該只有《法界觀門》一卷。不過，杜順作《法界觀門》的疑點仍多：

一、在智儼的現存著作中，並無明顯與《法界觀門》有關的訊息。

二、《法界觀門》於藏經中並不存在單行本，其內容「大同小異」地出現在法藏《華嚴發菩提心章》的文脈中，且並未提及此乃引用他人之文。

三、明確指《法界觀門》為「杜順集」，是到華嚴宗四祖澄觀的《華嚴法界玄鏡》中，才以「觀曰」清楚區別出杜順之文與他的註解；後世認為是杜順所作的《法界觀門》，就出於此，而其名稱並不固定。澄觀之時，杜順已傳為文殊化身，後來許多作品紛紛高託杜順。從這點看杜順作《法界觀門》之說的後出，確實可議。

四、若果真《法界觀門》、《十玄門》都淵源於杜順的教學，而這兩部著作，在華嚴義理上實居於高峰位置；如此，智儼的華嚴思想無疑地應深受杜順影響。但從法藏的〈釋智儼〉傳來看，實在找不出杜順對智儼思想有何重要影響；法藏清楚記載了其他教導智儼學問的幾位師長，卻為何不提聲望極高、廣被朝野推崇的「帝心尊者」、「神僧」杜順對智儼的「宗門真傳」？實甚可怪。所以，《法界觀門》是否為杜順真撰，尚有疑問，此觀門也很可能是經後人添筆而成的。

道宣（五九六至六六七年）之《續高僧傳》記載杜順只說「其言教所設，多抑浮詞，顯言正理。」以及杜順圓寂前告訴門人：「生來行法，令使承用。」從這幾句可知，杜順的教學方式重啟發，強調先天本有的行法，就是說人要依真常本心修行；智儼也有「本有修生」之說，此觀念應該就是承繼杜順而來。杜順教導唐代居士樊玄智「依經修普賢行」（《華嚴經傳記》），杜順心中的普賢行應即是「本有修生」的。

總之，杜順本人的思想及其在教學上影響智儼的程度，難以論定。不過，若要具列杜順對智儼思想的可能影響，可以包含——

一、終身仰慕風範：

道宣《續高僧傳》將「釋法（杜）順傳」放在「感通」類，法藏《華嚴經傳記》將「釋智儼傳」放在「講解」類。所以，若就傳記內容和分類上來看，杜順是屬於生活實踐型，個性曠達虛遠、樂於助人；智儼則屬於經院學者型，喜靜、好讀書，兩者差異顯著。不過，性情的差異並不妨礙人格、思想的影響，甚至更會產生「補償」作用。杜順的高人神僧、溫情助人之鮮活形象，又視智儼如「兒」，自然會深深引發智儼自幼仰慕，終身奉行其教誨。

在杜順的弟子中，道宣於《續高僧傳》特別提及的唯有智儼：「幼年奉敬，雅遵餘度」，指出杜順和智儼師徒相處是在智儼幼年之時，之後的歲月仍謹遵杜順留下的規範，就如智儼在二十七歲後的長期潛沉時期；美國學者吉美羅（Robert Gimello）甚且推想，智儼似乎過著一種隱居的生活，模仿杜順，漫遊於沉思冥想。

二、少年誦持《華嚴經》：

據法藏說，杜順教育智儼，曉夜誦持經教，這「經教」可能就是《華嚴經》，即如杜順教導樊玄智「依經修普賢行」一般。

三、中年啟發新思維：

杜順的《法界觀門》、《十玄門》這種的「新思維」，就法藏的記錄看，智儼自悟《華嚴經》「六相」之前，並不知觀門、玄門如此的圓融思想；所以，智儼啟悟之後，著《搜玄記》（二十七歲），疏中提出了「十玄門」，這可能就是智儼啟悟後諮詢杜順所得。之後，至杜順圓寂前，可能又傳授了觀門吧！

學界現在一般認同，能歸屬於杜順的著作只有《法界觀門》；華嚴四祖澄觀則指出，「十玄門」的思想來自《法界觀門》中第三「周遍含融觀」的十門。《法界觀門》與《十玄門》的思想可能是杜順對智儼的重大影響。

梵僧教授，鴻志出家

智儼跟隨杜順到至相寺之後，主要是由杜順的上足弟子達法師教授智儼，並囑咐智儼聽從達法師的一切教誨。智儼從小就聰慧過人，《法界宗五祖略記》言智儼「經書過目，成誦不忘」；但他從不因自己的聰穎而自滿懈怠，反而日夜精進，勤奮用功。

西元六〇四年隋文帝去世，太子楊廣繼位，即隋煬帝。隋煬帝興建許多大型建設，東征西討，隋朝在煬帝前期發展到極盛。然而，隋煬帝好大喜功，嚴重耗費隋朝國力，其中又以三次東征高句麗為最劇。大業八年、九年、十年（六一二至六一四年），隋煬帝連續三年發兵攻伐高麗，動用人力數百萬，徵調財物無數，大量土地荒蕪，人民難以維生，造成上層起兵叛亂，下層農民起義。

隋煬帝大業十年（六一四年），杜順邀請兩位梵僧來至相寺遊訪；梵僧見智儼靈慧精爽，便教他梵文；不多日，智儼對梵文已是駕輕就熟。梵僧於是對眾僧說：「此童子將來必是弘法巨匠。」確實，後來智儼成為通曉梵文的高僧思想家。

隋末大業十一年（六一五年），智儼十四歲，正是隋末兵亂之際，隋運將終，人民生活艱難，僧眾更是清苦飢餒。年少的智儼，眼見社會離亂、民不聊生，讓他領悟世間輪迴、一切皆苦，決心出離解脫，求道的高志堅定不移，正式受戒成為出家沙彌。

人世間的離亂艱困，在智儼年少的心靈深深地埋下種子，激勵而促發成為智儼求道路上永不退卻的決心，乃至日後隱居山林長達近三十年致力於潛心修道。誠然，亂世令人悲苦，卻也是亂世讓人看透「世間是苦」的實相；這使智儼不慕名利，於往後的歲月全心致力於研經和修道，從而頓悟並創建華嚴的圓教大法！

西元六一六年隋煬帝離開東都，前往江都（即今江蘇揚州）。西元六一八年，宇文化及等人發動兵變，逆弒煬帝；繼位的隋恭帝楊侑禪讓李淵，李淵正式稱帝，建立唐朝。隋末群雄割據的局面，最後也由唐朝終結。

隋朝雖然是個短暫的朝代，卻是個強大的朝代，和秦朝驚人相似。秦始皇修築長城，隋文帝、煬帝開鑿了大運河；秦始皇建立郡縣制、統一度量衡，隋文帝建立了科舉制度、輸籍法（完善戶籍制度）、文官制度等。或許是太強勢則難持久，兩個朝代都歷時不長；秦朝國祚十五年，隋代國祚三十八年，都在第二代敗家。隋煬帝無法駕馭龐大的帝國，大興土木，修建離宮，規模不亞於阿房宮；對高麗一怒就興百萬問罪之師，勞民傷財，消耗了國力，導致起義爆發，走向滅亡。

第二章　從攝論學派到智儼

時有辨法師，玄門準的，欲觀其神器，躬自擊揚，往復徵研，辭理彌王，咸歎其（智儼）慧悟：「天縱哲人」！

智儼十四歲出家為沙彌時，正是攝論學說流行之際，少年智儼亦投身研學攝論。

攝論宗是六朝陳末到唐初時代，以研究真諦譯、無著造的《攝大乘論》（以下簡稱《攝論》）及世親解釋的唯識論典所形成的學派。《攝論》本身是「妄心說」，真諦翻譯多有增添，而形成「真心」系統。《攝論》是最有系統的介紹唯識思想的論典，攝論學於隋代與唐初風靡中國；隋代是大盛時期，智儼和玄奘都深受影響，並因之各自發展成華嚴宗的真心思想、和唯識宗的新唯識論，可見攝論學派對佛教界的影響甚大。

攝論學派以傳習、弘揚無著所造的《攝論》而得名；《攝論》是印度大乘佛教中瑜伽行派的重要著作，弘揚攝論之學者稱為「攝論師」。而影響智儼的攝論思想及其傳承，簡述如下。

攝論學派的傳承

無著及其《攝大乘論》

無著（Asaṅga，約生活於四、五世紀）為婆羅門種姓，出身於健馱邏國，自小接受完整的婆羅門經典教育。因受到佛教的影響，在說一切有部出家為僧；思惟空義但不能得入，遂想自盡。

這時，東毗提訶賓頭羅羅漢前來為無著說小乘空觀，無著初聞就悟入，但仍不滿意。於是，他入定以神通力前往兜率天，從彌勒菩薩受大乘空觀，歸來後依法思惟，終於通達大乘空觀。又數次前往兜率天學大乘經義，乃至請彌勒菩薩下閻浮提說法堂，集合有緣大眾，誦出《十七地經》，於是大乘瑜伽法門傳至四方。無著成為龍樹菩薩之後，印度佛教史上最重要的論師之一。

無著的重要著作有：《攝論》、《顯揚聖教論》、《順中論》、《金剛經論》、《大乘阿毗達磨集論》、《六門教授習定論》；其中，《攝論》影響智儼最深，智儼的著作經常引用。

《攝論》是闡釋古印度《大乘阿毗達磨經》的〈攝大乘品〉，內容含攝大乘佛教的一切聖教法門要義，可說是大乘佛教思想概論的論書。此論是攝論宗的根本要典，印度佛教瑜伽行派的重要論著之一，唯識宗十一論之一。

《攝論》的「攝」是含攝、統攝的意思。印順法師在《攝大乘論講記》中從兩方面來說「攝」：一、如來說法，每因聽眾的不同，而開示不同法門；《攝論》總舉十義，把大乘經中各別的法門總攝起來，這是「以總攝別」。二、《攝論》以簡要的十種殊勝，廣攝一切大乘法，這是「以略攝廣」。

《攝論》翻譯為漢文有三個版本：

一、北魏佛陀扇多譯出二卷，是最早的譯本，沒有分品分章。

二、陳朝真諦譯出三卷，分為十品，每品又分為幾章。

三、唐代玄奘譯出三卷，分為十一品，但沒有分章。

北魏佛陀扇多首先譯出的二卷，文義未顯，流行不廣。真諦譯的十品，是依十種殊勝的次第而分；然而，第一品的初二章，實際上是全書的序說與綱要。所以，玄奘將真諦譯的第一品初二章又別立一品，合為十一品。

依玄奘十一品來說，第一品是《攝論》的總綱要，敘說大乘法體的十種殊勝；其他十品，則是分別闡明十種殊勝：所知依、所知相、入所知相、彼入因果、彼修差別、增上戒學、增上定學、增上慧學、彼果斷、彼果智。十種殊勝的前後次第不可錯亂。因為，《攝論》的重點在說明唯識行證的實踐，也就是從實踐的立場而統攝大乘的一切；因此，十種殊勝最能引發大菩提性、是善成立、隨處無違、為能證得一切智智，十種殊勝顯示大乘異於聲聞乘。

印順法師將十種殊勝配以境、行、果三類，分別為：一、二是境的殊勝；三至八是行的殊勝；九、十是果的殊勝。境、行、果都是殊勝的，殊勝就是「摩訶」，都是大的、不共小乘的；而這殊勝的境、行、果法，可以運載眾生出離苦海，所以叫大乘。

《攝論》的內容簡要，但其含攝的思想概念卻是相當複雜繁密，以至於《攝論》譯出之後並不流行；直到真諦翻譯了世親的《攝論釋》、乃至到真諦弟子弘法之後，無著的《攝論》才漸受重視，《攝論》的思想才開始弘傳。

世親及《攝大乘論釋》

世親（Vasubandhu，約生活於四、五世紀）舊稱天親，是無著的弟弟，生於北印度健馱邏國富婁沙富羅城（現今白沙瓦市），從小受完整的婆羅門經典教育。在說一切有部中出家修行，於阿緰闍城學《大毗婆沙論》義，通曉後為眾講毘婆沙，並作《阿毗達磨俱舍論》；對於說一切有部論義中未通達之處，則以經量部的法義解釋。後來，其兄無著勸他改宗大乘，因而轉為弘揚大乘唯識宗義，和無著是四、五世紀古代印度之瑜伽行唯識學派的創始人。

世親造過百部大乘論著；其中，在大乘唯識宗方面的重要著作有：《攝論釋》、《唯識二十論》（或題為「唯識論」）、《唯識三十頌》、《大乘百法明門論》、《顯識論》、《辯中邊論》、《三無性論》、《三自性論》、《佛性論》等。

真正影響智儼的是世親造的《攝論釋》，漢譯本有三：

一、陳代真諦譯，十二卷（或說十五卷）。天嘉四年（西元五六三年）於廣州制旨寺譯出，慧愷筆錄，又稱《梁譯攝大乘論釋》，略作《攝論釋》、《梁釋論》。

二、隋開皇十年（五九〇年），沙門達摩笈多暨行矩等合譯，十卷，題名為《攝大乘論釋論》，又稱《隋譯世親攝論》。

三、唐代玄奘譯，貞觀二十一至二十三年（六四七至六四九年）譯出，十卷，世稱《唐譯世親攝論》。

智儼主要是依真諦所譯的《攝論釋》。真諦譯本闡示八識體一、種現一體及阿陀那七識異名說等，為隋、唐二譯所無，其餘的相異之處也頗多。因為世親門下本來就產生了相異的見解，在釋論上就有增添或刪削的現象，所以新舊譯本原本就有不同；而真諦在翻譯的時候，為了使義理更加明瞭清楚，又加以補充說明。

《攝論釋》為攝論宗主要弘傳的原典，唐代唯識宗則是專用玄奘的譯本，華嚴宗祖師則依真諦的舊本，配於五教中始、終二教的理論。現在尚存的《攝論釋》注疏，包括《攝大乘論章》、《攝大乘論抄》、《攝大乘論疏》、《攝大乘論義記》、《攝大乘論天親釋略疏》五卷（日僧普寂）等。

真諦及攝論宗學說

真諦（四九九至五六九年）是天竺人，出身婆羅門種姓，少時博訪眾師，學通內外，尤其精於大乘之說。由於博覽群書，精通佛理，立志周遊諸國，弘闡佛法，於梁中大同元年（五四六年）來華，卻遇到侯景之亂，被迫逃難到蘇杭。後應廣州刺史歐陽頠的請法，在慧愷、法泰的協助之下，開始進行佛經翻譯，譯出無著《攝論》三卷、世親《攝論釋》十二卷、《俱舍論》等，一生翻譯共計七十六部、三百一十五卷。

真諦翻譯經典的特色是譯述並進，一邊講學、一邊翻譯。他於《攝論釋》序中自言：「一章一句，備盡研覈，釋義若竟，方乃著文。然翻譯事殊難，不可存於華綺；若一字參差，則理趣胡越。」可見其翻譯之慎重。但真諦一生弘法事業頗為曲折坎坷，晚年（五六二年）因感慨「弘法非時，有阻來意」（《續高僧傳》），於是坐船欲西返印度，卻又遇風浪所阻，漂回廣州。

真諦「雖廣出眾經」而「偏宗攝論」（《續高僧傳》），陳光大二年（五六八年）八月，他與弟子法准、道尼、智敫等十二人發誓：弘傳《攝論》與《俱舍論》，使之流行於中國。在他的影響之下，成立了攝論宗、俱舍宗一派。

真諦的弘法事業始終受到排擠，直到弟子們弘法於北方，攝論之學才得以廣為傳布。陳太建三年（五七一年），真諦示寂後二年，法泰到建業講《攝論》，唯靖嵩數人從學。後靖嵩至彭城大加弘揚，曹毗在揚州講學，道尼依真諦宗旨而歸鄉江西九江開講《攝論》，知名海內。隋開皇十年（五九〇年），道尼奉詔入長安，於是《攝論》之學大行於京師。道尼有弟子多人，其中知名者有道嶽、慧休、智光等，道嶽後改學《俱舍論》，僧宗、慧曠則在廬山講《攝論》。

攝論思想對智儼的影響極大：在智儼的著作中，相當頻繁地引用真諦譯的世親《攝論釋》，攝論思想也是智儼建構華嚴思想體系的基礎理念。

攝論學派原無嚴格的傳承思想，各家學說也並不完全一致，不過都是以《攝論》的十種殊勝為綱要。主要思想為：第八阿梨耶識（即阿賴耶識之異譯，

梵文 ālaya-vijñāna）是妄識，為一切法的根本、依止；又說明一切法的相性為「遍計所執性、依他起性、圓成實性」等三性，由此而入唯識觀，修六波羅蜜，於十地學戒、定、慧，以證無住處涅槃之果，得無分別智，顯現三身。此外，真諦別依《楞伽經》、《決定藏論》等，另立阿摩羅識為第九識（無垢識），即真如佛性。「九識」說即是攝論師的最大特點。

當代學者釋聖凱在《攝論學派研究》指出，攝論學派一方面以真如理體解釋佛性，另一方面立清淨阿摩羅識試圖作為眾生心體，希求以二者的統合來說明理體與心體的合一，有意對瑜伽行派與如來藏系進行會通，但實際上仍是兩分。不過，也正由於攝論學派欲統一理體與心體而未能成功，因此其論眾生心體仍須以第八阿黎耶識為旨歸，而持真妄和合的立場。

攝論學派於八識外另立第九阿摩羅識，而地論（《十地經論》）南道派以真心、妄心言第八識、第七識，這二說是南北朝至隋初的唯識古學對於心意識的說法，都鮮明地融貫了如來藏思想，這也正是與後來玄奘系唯識宗區別最大的地方。攝論師逐漸背離了瑜伽行派的立場，而與「真常唯心」系合流，以佛性詮釋十種殊勝，以如來藏緣起解讀《攝論》，這是攝論學派中國化的核心體現。

釋聖凱更進一步指出，中國的唯識古學之所以如此言心意識，其原由在於受「心性本淨、客塵所染」說之影響，此乃中國佛學當時的大勢所趨，其中似乎唯有地論北道以妄識言阿黎耶。由於真諦力主九識說，加上他又翻譯了《辯中邊論》、《十八不空論》等諸多以心性本淨為基點的學說典籍；因此，攝論師大多也以心性本淨立說。

地論師「以阿黎耶識自性清淨心為正因佛性」，攝論師以「阿摩羅識真如解性為佛性體」，這兩家在某種程度上，亦比以理為正因佛性者更進一層；因為，以理體作正因佛性，仍有將佛性囿於外在化、客體化之嫌，似未能究極如來藏思想的實質底蘊。

如何將真如、法性理體落實於眾生心中？換言之，如何說明眾生內具佛界之本質、如來之體性？是佛教心性論的重大問題。地論學派及攝論學派對此做了有益的探索，為隋唐佛學的綜合與創新提供了思想資料；而智儼正逢此際，故而創建了這方面的諸多教義。

總之，《攝論》對中國佛教後來的華嚴宗以及其他派別之形成有重大影響；攝論學發展到智儼手上，可說是完全中國化而為華嚴宗所吸收。

曇遷

盛行於北方的攝論之學，當時除道尼和法泰的弟子靖嵩兩系外，尚有地論相州南道的曇遷（五四二至六〇七年）一系，在北周滅佛之後南來，也習真諦攝論義。

曇遷，俗姓王，博陵饒陽（今河北饒陽縣）人，十三歲受父母之命，跟舅父權會（北齊中散大夫、國子祭酒博士）學習六經，尤重《周易》。二十一歲依定州賈和寺曇靜律師出家，學《勝鬘經》。受具足戒後歸鄴下，向地論師承的慧光弟子曇遵學佛法綱要，後來弘揚《華嚴經》、《十地經論》、《維摩經》、《地持經》、《大乘起信論》等。

周武滅齊後，曇遷來到金陵（今南京市），初達楊都，棲道場寺，在桂州刺史蔣君之宅獲《攝論》，如獲至寶。隋初，曇遷在彭城開講《攝論》，又講《楞伽》及《起信》、《如實》等論，聲名遠播。《續高僧傳．卷十八．隋西京禪定道場釋曇遷傳》記載：「《攝論》北土創開，自此為始也。」後至廣陵（在今北京昌平縣），在開善寺弘揚《攝大乘論》。

隋開皇七年（五八七年）秋，應隋文帝之請，與洛陽慧遠、魏郡慧藏、清河僧休等，共集長安，一時講習《攝論》蔚為風尚。開皇十年（五九〇年）春，帝去晉陽，敕令曇遷隨駕。曇遷的弘法活動，除了受到了皇室的重視，也受到佛教名僧讚賞，如慧遠曾說：「遷禪師破執入理，此長勝我。」（《續高僧傳》）隋文帝建禪定寺後，請曇遷為寺主。曇遷在北土發展了攝論學說，影響頗大。曇遷卒於大業三年（六〇七年）十二月六日，年六十六歲。

曇遷著有《攝論疏》十卷，又撰《楞伽》、《起信》、《唯識》、《如實》等疏，《九識》、《因明》等章，以及《華嚴明難品玄解》等，共二十多卷。傳承曇遷法統的有道哲、靜琳、玄琬、法常等，而法常即是智儼的親授師。

真諦之後，隋唐年間的靖嵩、曇遷、慧遠等後學都很得勢；但自此以後，攝論之學逐漸衰微。

法常

法常（五六七至六四五年）是智儼攝論學的親授師。法常俗姓張，南陽白水（今陝西省浦城縣）人，少遊儒林而厭棄官場的喧雜，因而立願出家，奉戒自守。十九歲披剃，依曇延為師，不到一年，即能宣講《涅槃經》，僧俗二眾聞之皆驚歎其理趣之奧妙、情理之深當，曇延讚法常必住持正法。二十二歲，攝論之學初興，法常除師承曇遷，並廣學各家精闢言論，校其銛銳，於之後五年深研其理，博考《成實論》、《毘曇》、《華嚴》、《十地經論》等之異同。

隋大業初年，奉敕住於長安大禪定寺。唐貞觀年間（六二七至六四九年），參與譯場之譯經，太宗造普光寺，召法常法師常住，並下敕令為太子受菩薩戒。貞觀九年（六三五年）又奉敕召入為皇后戒師；未久，又奉敕兼任空觀寺之上座，並應齊王請法，常講《攝論》、《華嚴》、《成實論》、《毘曇》、《十地經論》等經論，學者數千，四方風從。新羅王子金慈藏，亦棄王位，遠來受菩薩戒。貞觀十九年（六四五年）六月二十六示寂，世壽七十九歲。

法常原講《涅槃經》，後專弘《攝論》，著有《攝論義疏》八卷、《玄章》五卷，對《涅槃》、《維摩》、《勝鬘》等經各有疏記。遺有《攝大乘論義疏》八卷、《觀無量壽經疏》一卷，及《涅槃》、《維摩》、《勝鬘》等疏十餘種。

少年智儼出家後，從學於攝論學系的法常，聽受《攝論》。智儼在攝論學派的學統傳承是：曇遷→法常→智儼。雖然曇遷、法常專弘攝論，但他們也都弘揚《華嚴經》。

智儼從學於法常不到幾年，便洞解《攝論》精義；法常激賞智儼的妙悟甚深，便命智儼在僧眾聚集的盛會上，為大眾闡明《攝論》義理。

當時，法門龍象大慈恩寺靈辨（五八六至六六三年）是佛教界的翹楚。靈辨聽聞，不到二十歲的少年英才智儼，暢演攝論之學見地透徹；靈辨欲觀此青年僧人的神采器宇，並查驗是否名符其實，於是親赴法壇，與之論難擊揚。在往復徵研之中，智儼文辭暢達、論理精詳，在場僧眾無不讚歎智儼慧悟超凡，靈辨更是盛讚智儼實乃「天縱哲人」。

智儼依真諦系統的《攝論》，創立了真常心系的華嚴思想；而玄奘翻譯的《攝論》，之後則形成了新唯識學派。同樣依據無著的《攝論》，同時代的智儼和玄奘，分別開出了真心思想和唯識學說，可見無著的《攝論》影響之巨。

智儼繼承攝論之學和發展出的思想學說，分別展現在唯識、唯心、判教、一乘等思想方面。

依《攝大乘論》闡發「八義十九相」

智儼在《孔目章．立唯識章》中，依真諦譯的世親《攝論釋．卷二》，以自己的理解，扼要闡釋《攝論》阿梨耶識的七義，其次序與《攝論》稍有不同；另又多立第八義，這是智儼依據《攝論》自創的一義。智儼安立的八義分別是：

一、依三相義，知有本識。

二、依熏習義，成有本識。

三、依互為因果義，成有本識。

四、依不一不異義，成有本識。

五、依因果別不別義，成有本識。

六、依緣生義，成有本識。

七、依彼因緣具不具義，成有本識。

八、依會名歸正，成有本識（或說「明有賴耶」）。

這八義之下，智儼又細分出十九相。智儼的八義十九相，原本的主旨非常單純，一一義相都只是在建立本識，都指向「成有本識」，令人「知有本識」；但是，智儼在論述上，從各種事理角度建立阿梨耶識，一一義相的解說又有不少相似之處。例如，第六「緣生義」中又分有十門，這十門與前五義的解說多有雷同，只是掛在第六「緣生義」下重說，以至於智儼的八義十九相有許多相似的重複之處，相當繁瑣而顯得累贅。以下歸納為四類原理來說明：

壹、假必依實

智儼認為，阿梨耶識是真妄和合，不過本識究竟是如來藏，這是智儼的基本立場，不論其行文中或隱或顯，大體都是如此。智儼論述的觀點有三項：

一、第六義「依緣生義，成有本識」中的前二門

智儼八義十九相的第六義是「依緣生義，成有本識」，他從緣起義來說明本識必須成立，並舉譬喻闡釋：

（一）體相用：智儼從緣生法的體、相、用三方面，辨證唯識之義必須成立：「謂自性緣生，即是體也，為識是緣生通因故。」緣生法是相、用，最終必須有「體」、「自性」，才能成立，此即是「本識」。「愛非愛緣生，即是相也。受用緣生，即是用也。」緣生法的相、用，也由心識的意欲與受用而成立，所以說「唯識」。

（二）舉迷顯正：如《攝論》中舉「六師迷馬」為例；六師指外道，「迷馬」應該是迷「象」，這是盲人摸象的譬喻；《涅槃經》舉六執而迷於佛性，六執指自性、宿作、自在、我、無因、作者受者。智儼舉經論中六師六執，迷失於緣生法中，不知緣生法是以佛性為體，佛性為體而隨其流處成種種味。

二、第六義「依緣生義，成有本識」之第六門：受熏

之後，智儼談到阿梨耶識具有四德才能受熏，四德是：（一）堅謂理實故堅；（二）無記義；（三）可熏者；（四）與能熏相應者。其中前二德：

（一）堅謂理實：阿梨耶識不依緣而成，所以不壞，此即自在、自主，故「堅」。在識之外，依緣而形成的諸法、果報，是依識而緣起，並不自在，所以皆不堅實。智儼並舉例，如果說苣勝這種植物是堅固的，其實它只是看似堅固，實質上並非堅固，因為它不久便會散壞。

（二）無記義：阿梨耶識是無記，無記是中性的，因為中性，所以能受熏染。究竟來說，「無記者，即是無分別義」，阿梨耶識只有在如來藏中才能成立。若說果報為無記、可受熏，這是接引聲聞淺智之說，果報其實並無體用，因此也沒有真實的無記性與受熏義，畢竟以本識為體。

三、第八義「會名歸正，明有賴耶」

智儼引《攝論》云：「復次，正法內人，雖復願樂無我，違逆身見，於阿賴耶識中，亦有自我愛。」智儼釋意：修學佛法，從比量知無我的「伏我見」，到「有學位」的證知無我的「滅我見」，雖然都「違逆身見」，但在阿賴耶識中已長時數次習染我愛，所以「我愛」的習氣猶恆隨逐。智儼進而指出，以上從「人、法二我見」處講阿賴耶識，其義非勝；若將「賴耶」名曰「梨耶」，在本識（智心）上講，其義最勝。

其實，就文字上來說，賴耶、梨耶只是音譯上的差異；不過，智儼更就不同經論中對「賴耶」（如《成唯識論》）、「梨耶」（如《起信論》）的不同用法，指出其中在智心上講阿梨耶識，才是最殊勝的。

貳、依真起妄

智儼此理主要是說，如來藏「不守自性」，所以可以隨緣成為真妄和合的阿梨耶識，他從兩方面來說明：

一、第六義「依緣生義，成有本識」之第六門：受熏

智儼認為，阿梨耶識具有四德才能受熏，其中後二德：

（一）**可熏者**：《孔目章》：「如來藏不守自性，隨諸法緣起成似義，故是可熏，餘法不爾。」所謂如來藏「不守自性」，是指如來藏的本性不變（自性），卻能隨緣變現其它諸法（不守自性），諸法只是假有、似乎有的存在，並非真實，所以可熏者終究只能建立在如來藏上。譬如分析衣的受熏：以香熏衣，即使衣服壞碎，香味仍在；所以，香味是熏入絹絲，不是熏於衣服。說熏衣，是指「位」語，是就某一位置上說。但是，若更進一步來說，絹絲四塵（地、水、火、風）其實也不受熏，是生滅法，那是何物受熏，能持香味？《孔目章》：「以香熏時，香成即是果義。因果道理，乃是如來藏德，離藏更無。」也就是說，窮究因果的發生，譬如性質的持續性，必有不滅的依托處才能成立，這就是如來藏的德用。

（二）**與能熏相應者**：唯有如來藏是可熏者，這是從相應諸法的能熏義來說。譬如鏡（可熏者）照外物（能熏者），是緣起而無自性；「無自性故，即無我真如」，終究是建立在如來藏（真如）的隨緣（無我）作用上。

二、三慧果成

聞思修法，從微至著，皆是基於本識如來藏才能成立。根本上，「聞熏習從真如流」，真理的流布與熏聞都是從真心流露出來的，而後再反熏於心中成種子，轉而更得增上。智儼又設問：「如此，真如本身具有的性德，自己流出，何必又假說熏習？」智儼自答：「真如實不守自性，待緣方起，故說熏也。」真如隨緣而現起真理道法，聞熏習是就妄心之緣上來講的。智儼這一段的說明，簡示如下：「真如用↓妄心的聞熏習↓依止真如體」，此理即如《要問答・心意識義》：

若據實理一切緣起不離法界（如來藏），所成理事是法界能；由如金器，離金無器，是金之能。言熏果報者，據位而說。故《起信》云：「真如熏無明，無明熏真如。」

據如來藏的實理來說，一切熏習都必須建立在不生不滅的如來藏上，才能真實成立。「無明熏習」也是如此。又如來藏如金作器，金譬喻覺性，器比喻無明，器內必有金性，也就象徵無明內必有覺性在起作用，這是「真如熏無明」的內熏之義。另若說熏在果報上，如香氣熏衣，只是據「位」（某個位置）而假說。

參、互為因果

互為因果，這是從緣起上的彼此依靠上來講，不是單一因素能成立緣起，如阿賴耶識亦從和合才能緣起，而阿賴耶識在受用諸法上也是被諸法影響著。

一、第一義「依三相義，知有本識」

《孔目章》說阿賴耶識有三相：

（一）因相：「攝一切因，仍用互為因為始。何以故？以互為因微細與識相當故。」佛教是「緣起說」，即使在談派生萬法的「根本識」（阿賴耶識）時，也是如此，阿賴耶識是一切法的原因，但阿賴耶識本身並非獨立的「第一因」，它也有產生的原因。智儼這段話可以有兩種解釋：

第一種是扣著妄識解釋，「以互為因（第八、第七），微細（第八）與識（第七）相當故」，賴耶與末那（第七識）互為因，「如束蘆」，兩者無始時來互相依存，所以說「微細（第八識）」而與「（第七）識」相當。

第二種是扣著真心解釋，「以互為因（真心、第八），微細（真心）與識（第八）相當故」，真妄和合才變現諸法，智儼的旨趣應是在此。

（二）果相：「攝一切果，仍用互為果為始。」既互為因，相對地必互為果。

（三）自相：「即是《成唯識》中異熟相也。異熟之識，攝一切法。依一切法種子（因），異熟得生（果）。」自相是包含從「因」到「果」的變異成熟（異熟）的全體現象，由此攝收一切法。

智儼說《攝論》的阿賴耶識三相之意，在闡明「本識是因果體」。「因果體」是因果的根本、本體，究竟指真常心。

所以，「互為因果」並非就本體上講，而是就真妄和合緣起諸法上來說，在如來藏緣起上必仗阿賴耶識為因。

二、第六義「約緣生義，成有本識」之第十門：受用智儼舉《攝論》引《大乘阿毗達磨經》偈：「諸法於識藏，識與法亦爾，此二互為因，亦恆互為果」，智儼解釋「此偈約上心（現行煩惱）受用處說，唯約發起初門，說互為因果。」其意應為，染心（因）變現法（果），又對法（因）起受用（果），所以在受用上，識與法互為因果。這並不是就本體而言，唯約發起門上來說。

三、第七義「依彼因緣具不具義」

緣起之因，唯在阿梨耶識上的互為因生。如說「十二緣生」，只是輾轉增上所生；又如說緣生，必須藉由三緣生：增上緣、所緣緣、次第緣。其實，無論十二緣生、三緣生，都是逐事而說的假相，不同說梨耶，是就理體而不據事說。

肆、境空識有

智儼八義中的第三義「依互為因果義，成有本識」，是在緣起生滅法中說因果，如說香熏衣、明鏡照物、穀麥種子、蘆束等，相依互為因果、果報無記，皆是「轉理之門」，是從真如理體轉變出來，並非實義。這從唯識學上說「由識以外只是遍計，即體空故」（境空識有），「一切法唯有識故，一切法以識為本故。」（引自第六義「記無記」、「假實」）在識外計為實有，即是「遍計所執」，不明唯識。智儼在八義中運用「境空識有」的概念最多，歸納如下：

一、第二義「依熏習義，成有本識」：本識中有熏習義，餘法即無。

二、第三義「依互為因果義，成有本識」：本識中有互為因果義，餘法即無。例如，兩束蘆相靠而立，只是互為因果的表象。

三、第四義「依不一不異義，成有本識」：本識中諸法（種子）得有不一不異，離識不成。

四、第五義「依因果別不別義，成有本識」：若有本識，才能成立因果的差別與不別，這是基於因果種子離識不成。

五、第六義「約緣生義，成有本識」之第三門——記無記：識種子才有無記、或善惡性、或染汙清淨。

六、第六義「約緣生義，成有本識」之第四門——假實：梨耶、內種子是實，餘法是假。

七、第六義「約緣生義，成有本識」之第五門——內成六義：梨耶種子具有六義：「即念念滅、俱有、隨逐至治際、決定、觀因緣、如引顯自果。」必須具此六義，才是正因義，若外種子即是假說。

八、第六義「約緣生義，成有本識」之第六門——熏成：梨耶攝持種子才能必有熏成果報之功。例如，穀麥種子只是假種；若定是種子（以「能生」為義），播穀麥種子應都能得到穀麥；既不如此，當知梨耶中決定是否能生果的業種才是「正種」。故《攝大乘論》說：「內為外本，證內有熏（影響於外）」。

九、第六義「約緣生義，成有本識」之第七門——生引二因：有二種因：

一者生因（主因），二者引因（伴緣）。猶如人射，放箭為生因，彎弓為引因。又如，能生果報及以命終之前，是生因；枯喪之後相續，是引因。這二種因，離阿賴耶識即不得成。

十、第六義「約緣生義，成有本識」之第八門——內為外本：內識為外法的依本，外法無體即空，依內識而成。

依《攝大乘論》建立「因門六義」

《搜玄記》中承《攝論》的「種子六義」，建構出「因門六義」。《攝論》中舉炷光之例，只說「更互為因」，《孔目章．如實因緣義》中承之而發揮為「同時互為因果」，闡明緣起法相待成立。若是純從片面來講，相異的諸法必然會互相否定，而有自性斷常的過失，所以必須從相待面來看緣起。

〈如實因緣義〉中以因門六義作為互為因果的精細範例。種子六義是維繫因果緣起上的必要法則，因門六義便是藉由種子六義，從統合面來看因生果的六個相待側面，在相待性上以「空、有」（體）、「有力、無力」（用）、「待緣、不待緣」（異體、同體）等三對概念配合六義，顯示出因（種子）與緣有六個相待側面，必須統合這些相待面才能形成因果緣起；顯示出因緣果成立的同時，其體用相即相入，互涉重重，彼此依存，互為因果。

智儼所用的「種子六義」的名稱出自真諦譯的《攝大乘論．所知依分》。《搜玄記．卷三》在論〈十地品〉第六地中對十二因緣的「因緣觀」中講述因門六義，智儼對因門六義的基本定義與解釋，表列如下頁所示：

種子六義中第三義「隨逐至治際」的「治」，指「金剛心道」，剎那即成佛；「際」指「阿黎耶識於此時，功能方盡」。「隨逐至治際」指種子到對治道的盡頭，功能方盡。

智儼的因六義，在法藏《華嚴一乘教義分齊章》（略稱《五教章》）才以「因門六義」稱之，法藏的種子六義名稱是使用玄奘的新譯名，又依空有的次

種子六義	因門六義			
一、念念滅	空	有力	不待緣	此滅是空，有力不待緣，自還動故。
二、俱有（果俱有）	空	有力	待緣	得外緣，唯顯體空，成力用。
三、隨逐至治際（恆隨轉）	有	無力	待緣	隨他，故不可無。不能違緣，故無力。
四、決定（性決定）	有	有力	不待緣	外緣未至，性不改，自成故。
五、觀因緣（待眾緣）	空	無力	待緣	待外緣，唯顯親因非有，無力能生果。
六、如引顯自果（引自果）	有	有力	待緣	得外緣時，唯顯自因得自果。

註：智儼引用《攝論》的種子六義名稱下，本表對照了玄奘的新譯名。

序排列六義，前三都是自體空，後三都是自體有。在因門六義的定義解說上與智儼大致相同，其對智儼關於因門六義的解說都再加以闡發。

智儼在《搜玄記》、《要問答》中對六義的說明：

一、因緣果的意義：在緣生上，「因」指決定（根本）性的作用，「緣」指促成發果的能力，因緣和合才能發生果法；若有因無緣，則不能成就因的六義。智儼又就「四緣」分析：因指親因緣（即因，如種子），緣指增上緣（如水土）、所緣緣（認識的對境）、等無間緣（前念開引後念生起）等三緣。待緣是如待爐油水土等三種外緣，不取「因事及自六義的本身」。

二、六義的存在分析：六義是依據因事上分析出來的，各義不能獨自產生緣起，須待六義具足才能作為「因」。

又「今因緣內，各有六義，故說（各）別有勝用，能感於果。」因有六義，「緣」對「果」也有六義，這是由於緣對果也屬因。

再略從經論中的不同觀點問答六義。

因緣六義是同時互為因果的精細範例。所謂同時互為因果，若簡言之，例如：在母子關係的成立之時，母子就互為因果；因為，若無子女，則父母也不能稱為父母。如此並未妨礙大人先於小孩的存在序列，只是就果的成立上進而指出，果一旦成立，則其與因就具有同時互為因果的關係。

總之，種子六義是維繫因果緣起上的必要法則，因門六義便是藉由種子六義，從統合面看因生果的六個相待側面，在相待性上以「空、有」（體）、「有力、無力」（用）、「待緣、不待緣」（異體、同體）等三對概念配合六義，顯示出因（種子）與緣有六個相待側面，必須統合這些相待面才能形成因果緣起，顯示出因緣果成立的同時，其體用相即相入、互涉重重、彼此依存而互為因果。

依《攝大乘論釋》立「小乘、三乘、一乘」的三教判

智儼於《搜玄記・卷一》明文指出，「小乘、三乘、一乘」的三教判，是依真諦譯的《攝論》而立：

又依真諦《攝論》，一者一乘，二者三乘，三者小乘也。

不過，《攝論》中並不見有三教判的明文，而在真諦譯的世親《攝大乘論釋・卷八》，才有類似的三教判：

如來成立正法有三種：一立小乘，二立大乘，三立一乘。於此三中第三最勝，故名善成立。

真諦譯世親的《攝論釋》中之三教判，與智儼所說的三教判尚有出入，其中的「大乘」在智儼的判教中是指「三乘」；所以，「小乘、三乘、一乘」的三教判似乎另有出處。法藏是繼承智儼的思想，在法藏《華嚴一乘教義分齊章・卷一》中論及「一乘、三乘、小乘」的三宗差別，他引出《普超三昧經》、《入大乘論》、《大品經》、《攝論》等經論，其中所引《攝論》如下：

依此三義，故梁《攝論》云：「善成立有三種。一、小乘，二、三乘，三、一乘。其第三最居上，故名善成立。」即其事也。

顯然，法藏所謂的《攝論》之說，從其引文可知，是指《攝論釋》的說法，而他也用「三乘」替代「大乘」。當代學者方立天在其所著的《法藏》中指出：「《攝論》把佛教區分為小乘、大乘和一乘，又把大乘作為不定乘，分為聲聞、緣覺和菩薩三乘，合為五乘。」由此可知，智儼的「小乘、三乘、一乘」的三教判，確實是依據真諦《攝論（釋）》而立的。

智儼在《搜玄記》中略用此判教，以顯示《華嚴經》中具有「一乘同別教」的性質。而智儼在五十八歲後作的《要問答》中，則是一再套用、發揮能夠豁顯出判教層級的「小乘、三乘、一乘」的三教判，這三教判的別出套用，能夠展現出作為最高圓頓教的《華嚴經》，如何在教義的各方面上涵蓋其他的諸教層級。這時期的判教中，又特別注重區分當時玄奘從印度新傳來的唯識學與攝論宗舊傳的如來藏識之說，並略分群經部類。

智儼所立的「小乘、三乘、一乘」之三教判的經典根據指向《法華經》的

「三車（羊鹿牛）一車（大白牛車）喻」，其直接根據則是《攝論釋》，這都是印度原有的判教。

曇遷〈亡是非論〉與「性起」

攝論學派北土開宗之祖——曇遷，幼習周易，通達老莊，其弟子中的法常，是教授智儼《攝論》的親教師。智儼認為，其師公曇遷的〈亡是非論〉，與華嚴的性起思想相順，所以在《孔目章》中錄附全文。

〈亡是非論〉從文句上的比對，可看出是依郭象注的《莊子．齊物論》而發揮的；其理論也顯然是出自《莊子．齊物論》，並受到郭象注釋的影響。

首先，〈亡是非論〉說：「夫自是非彼，美己惡人，物莫不然。以皆然故，舉世紛紜，無自正者也。斯由未達是非之患。」舉世之人皆為自是而彼非，此即莊子所指：「人之生也，固若是芒乎？」這是人的糊塗！

繼而，〈亡是非論〉將莊子的齊平「是非」之說，分析成十點：

「**初、明無適主者**」是說，彼此各說己是他非，是非究竟憑誰而定？此即莊子所說：若同於我、若不同我、若俱同彼我、若俱不知彼我，則「惡能正之」、「而待彼也邪？」這是說，人有其各自不同的相對立場，哪種立場能說具有絕對的公信力呢？答案是：沒有！

「**二、自性不定者**」是說，是非自性不定，說是、說非是多餘的，能所兩亡，如此取悟，勿更分別。此即莊子所說：「欲是其所非而非其所是，則莫若以明」，則「彼是莫得其偶」。唯曇遷套用「自性」、「能所」（即莊子的「偶」）、「悟」（即莊子的「明」）、「分別」等佛學術語。

「**三、彼我俱有者**」是說，是非皆由彼我自定。此即莊子所說：「夫隨其成心而師之，誰獨且無師乎？悉必知代而心自取者有之？愚者與有焉。」愚者依自心的成見做為標準。

「**四、更互因生者**」是說，自是、非他，互為生因，並無自是之外的標準。

此亦莊子說：「是以彼也，彼亦是也。彼亦一是非，此亦一是非。……是亦一無窮，非亦一無窮也。」從彼此相通來看，無窮的是非也都是彼此相生互轉的。

「**五、互不相及者**」是說，對方不會接受我的是非標準。此亦莊子說：「其發若機栝，其司是非之謂也；其留如詛盟，其守勝之謂也。」發言如箭，伺機攻人之非；沉默則如固守著自己的領域，等候致勝的機會。言語或默然，總是人我對立的。

「**六、隱顯有無者**」是說，彼此皆自是非他，彼我自是則同有是處，均被他非則同有非處。此即莊子說：「物固有所然，物固有所可，無物不然，無物不可。」每件事物都有可以成立的相對道理。

「**七、性自相違者**」是說，自是必遭多人否定，自是非他必然相違，唯有反其道，「自非則無非」，如此才正確。此亦莊子說：「以是其所非，而非其所是。」彼此相互否定對方的是非。

「八、**執情偏者**」是說，彼我知見皆有偏局。此即莊子說：「物無非彼，物無非是。自彼則不見，自知則知之。」彼此都是從自己一偏的立場而知。

「九、**是非差別者**」是說，世俗上有顛倒是非者，但也有一些正確的是非判斷。進而，在物外高趣上，則主張無是無非，雖然如此，卻仍落於「無是無非」與「是非」的是非對待中。並且，迷惑者聽聞無是無非，則混同凡聖，誤解無是無非之義。此亦莊子說：「以指喻指之非指，不若以非指喻指之非指也。」用概念解說超越概念的事，不如超越概念來領悟。

「十、**無是無非者**」是說，心想無是無非、有所存心，皆有所累；領悟無是無非，莫若無心，是非、彼我、得失自亡，任放無為，逍遙累外。此即莊子〈齊物論〉說的「吾喪我」，亦是〈逍遙遊〉的精神。

智儼於文末說：「此又順性起，故錄附之。」〈亡是非論〉與華嚴的性起思想是如何相順？

〈亡是非論〉中，曇遷論是非的相反相生、「更互生因」，要人超越概念的對待，進入無心的絕待之中；這樣的無心絕待（即「性」體），是更能深刻地體察出現象界的對待互轉（即緣「起」），智儼應是指此種方式的順性起。在中國，這種思辨方式從老子就很明顯；到了莊子，發揮得更為淋漓盡致，將相對與絕對融合一體，泯除相對與絕對的對待相。〈齊物論〉中的一段話可作為代表：

天下莫大於秋毫之末，而大山為小；莫壽乎殤子，而彭祖為夭。天地與我並生，而萬物與我為一。既已為一矣，且得有言乎？既已謂之一矣，且得無言乎？一與言為二，二與一為三。自此以往，巧歷不能得，而況其凡乎！故自無適有以至於三，而況自有適有乎！無適焉，因是已。

〈齊物論〉這段短文，處處與華嚴哲學相呼應：一、莊子意云，道就在天地萬物的現象上；因此，現象界的「小者」也即是至大了。至大包含一切，現象界中的「大者」當然也被包含在內；如此，大者反而成為小者，小容納大。這就類似華嚴性起說的融通無礙、大小互涵。

二、莊子說「且得有言」、「且得無言」，智儼《十玄門》中，首先也說明法界緣起的究竟是不可說的，而從緣上方便說。

三、莊子從對天地萬物實存的「一」，引申出無言、有言，言「一」成二，二成三……這些無窮的言說（現象），都本於「一」，要人不去追逐言說。《華嚴經》說「譬如數法十，增一至無量，皆悉是本數，智慧故差別」，《十玄門》舉此「數十法」，從數字由本數「一」的增加至無量，由此觀察事物的互攝互入，這無量的差別其實都是唯心的「智慧」分別所顯現。

若從思想史的發展上來看，中國華嚴學對現象界之相含互攝的思辨極盡開展，便是受到了莊學辯證風格的影響。日本學者鎌田茂雄在《華嚴經講話》中便認為：

> 中國自古以來，即有自宇宙之視野探討人類之所謂莊子哲學。《莊子》之〈齊物論〉，乃闡釋萬物一體之思想。莊子將自他互不對立之境地稱為「道樞」。於「萬物齊同」之實在真相中，大即小，長即短，個體即普遍。此思想與《華

嚴經》所說「一即多、多即一」，非常類似。《莊子．齊物論》之思想，與印度典型之思惟方式——《華嚴經》思想，互相融合而產生者，即中國「華嚴宗」之教說。

總之，〈亡是非論〉其主旨在闡明是非對錯都是相反相生、更互生因，所以應超越概念的對待，進入無心的絕待之中。若能無心絕待（即「性」體），則能更深刻地體察到現象界的對待互轉（即緣「起」），這正是智儼認為〈亡是非論〉順於華嚴「性起」思想的核心！

第三章　從地論學派到智儼

進具之後，聽《四分律》、《八犍陀》、《毘曇》、《成實》、《十地》、《地持》、《涅槃》等經。

唐武德四年（西元六二一年），智儼二十歲，受比丘具足戒後，遍聽《四分律》、《八犍陀》、《毘曇》、《成實》、《十地》、《地持》、《涅槃》等各種經律論藏。其中《地論》之學和智儼早年所學的《攝論》，對他影響最大。

南北朝流行的地論學派與攝論學派，主要弘傳中國早期的唯識學；這兩派所講的唯識學都是屬於真常心系統，兩派對於弘揚《華嚴經》也有很大的貢獻。智儼早先從學於攝論學派，後來在地論南道派學習，可說是學貫了攝論與地論兩派，兩派學說亦是智儼建構其思想體系的基礎。

智儼引用《攝論》和《十地經論》（以下簡稱《地論》）相當頻繁，而地論師慧光、慧遠的著作，更為智儼常常援引，可見地論思想對智儼影響甚大。

地論學派的傳承

北魏永平元年至四年（五〇八至五一一年），菩提流支、勒那摩提於洛陽譯出世親（天親）的《地論》十二卷，後來形成地論學派。地論學派亦稱為「地論宗」，其學者稱「地論師」，依據的典籍為《華嚴經．十地品》及世親的《地論》，故地論學者常兼弘《華嚴經》。地論學派同時兼習毗曇義學，部分地論師也是攝論師。地論之學後來被華嚴宗學所統攝，地論學派遂歸隱沒。

由於菩提流支與勒那摩提的傳承和學習不盡相同，因此二人對《地論》的見解也不一致，地論學派便形成南北兩道。一般對南北道的解釋為，從相州（今河南省安陽市、河北省臨漳縣）去洛陽的通道有南有北，兩家學徒沿著兩道各別發展而得名。其實，南北道地論師在魏都洛陽時期即已分裂，可能是勒那摩提與菩提流支分居在當時御道街的南北，因而成為道南、道北兩系——

北道派：本於菩提流支（Bodhiruci）而始於道寵的流派，稱為「相州北道派」，道寵弟子有儒果、誕禮、僧休等。北道派以第九識為清淨真識，第八識為妄識，真妄和合而採九識之說。後來，真諦三藏所傳的攝論學派興起，以第九菴摩羅識為淨識，與地論北道派之說相符，於是北道派漸歸於攝論學派而消失。

南道派：源自勒那摩提（Ratnamati）而始於慧光的流派，稱為「相州南道派」。勒那摩提與菩提流支在翻譯《地論》時發生意見分歧，慧光參與其事，折衷二人之說而筆受為一本，並著論疏，使《地論》得以暢行。慧光門下的高材很多，知名的有法上、道憑、曇遵、僧達、曇隱、安廩等人。慧光弟子中以法上的慧業最勝，十五歲即開講《法華》，長期任北魏、北齊僧統達數十載，權勢顯赫，於是相州南道派學說大張，門徒甚眾。法上著有《十地論義疏》、

《大乘義章》等，著名弟子有法存、融智和淨影寺慧遠等諸人；其中，慧遠的思想影響智儼甚鉅。

地論南道與攝論學派的折中立場不同，明確地接受心性本淨、客塵所染的真心依持說。《地論》有「自性清淨心」之說，卻未明顯指為真常心，但地論師皆以真常心思想詮釋。南道地論派以阿黎耶識為淨識，反對另立第九識，認為只有八識，並以第八識為第一義諦，即常住不變清淨心、真如。此真如為無始虛妄習氣熏染，緣起生一切法，能變現之識唯此第八真識。由此，一切眾生皆有佛性，畢竟成佛。此派對《華嚴經》的研究者輩出，《華嚴經》的研究因此急速繁盛。

智儼在地論學派的學統傳承是：勒那摩提（？至五一五年）→地論南道派初祖慧光（四六八至五三七年）→道憑（四八八至五五九年）→靈裕（五一八至六〇五年）→彭淵（五四四至六一一年）→智正（五五九至六三九年）→智儼。智儼的地論學派師承，也都是《華嚴經》的弘揚者；地論學派這一支系到了智儼，可說便成為華嚴宗了。

二十歲的智儼，於至相寺受具足戒時，地論學派的智正法師正好也在至相寺開演《華嚴經》；智儼聽講之中，對於舊有的說法常有新的創見，但也有許多疑惑之處。經過一年，仍然有所疑義，於是遍覽藏經，搜尋各種疏釋；直到閱及地論派初祖慧光律師的《華嚴經疏》，才對《華嚴經》「別教一乘無盡緣起」的宗旨欣然賞會，粗知眉目，開啟了華嚴教義新思想的方向。

智儼除了向智正法師學習地論學說，並研讀世親的《地論》和慧光、慧遠的諸多著作，深受地論師的影響，從而發展出自己的學說思想。世親、慧光、慧遠三位大師，對智儼的思想有著深遠影響。

從世親到智儼

世親的《地論》是印度大乘瑜伽系的重要典籍。世親一開始是從聲聞乘出家，之後在其兄長無著之處聽聞《十地經》，便改變本來所宗之小乘教，撰寫出《地論》，讚揚大乘，鞏固了瑜伽學說的理論基礎。

世親的「可不可說」與「六相」之論，引發智儼的探究而有所申論，後來成為華嚴宗祖師相繼開展的論題。

可不可說

「可不可說」是在界定言說的界限與對象，世親以《十地經》來闡釋，其所引用的《十地經》原文是：

如空中鳥跡，難說不可見；十地義如是，不可得說聞。

世親在《地論》釋道：

如鳥行空中，跡處不可說，相亦不可見。何以故？虛空處鳥跡相不可分別故。非無虛空行跡，如是鳥跡住處，名句字身住處。

世親以十地「空中鳥跡」的譬喻，說明智證境界是教不可示；但若是以教攝證，「虛空行跡」則證可寄言：

前言十地義，如是不可得說聞。今言「我但說一分」，此言有何義？是地所攝有二種，一因分、二果分；說者謂解釋，一分者是因分，於果分為一分故。

這是在解釋《十地經》「序分」的經文，經中先說十地義不可得說聞，後又言「但說一分」，其意為「因分（一分）可說，果分不可說」。世親解釋「果分不可說」言：

（十地經）偈言「智起佛境界」故，如陰界入可說，此智不爾，離文字故，是故不可說。偈言「非陰界入說」故，非耳識所知，非意識思量，是故不可聞。

「不可說」指的是「佛智」，因其超越感官見聞與意識思量。世親又明白指出「果分」不只限於成佛的果地上：

偈言「心意所不及」故，智者是地。……菩薩地證智所攝，不可得說、不可得聞。

果分是佛智，同時也是十地菩薩的證智。此意為，十地菩薩的證智是分證佛智，其體正是佛智；只不過，十地菩薩尚帶無明，佛智並未完全開顯；所以，果分也包括菩薩地的證智。世親之意，若以圖表顯示：

十地	
果分	因分
不可說	可說
佛智，十地菩薩可分證	行跡住處

「可不可說」後來成為華嚴學上開宗明義對教說前提的界定，智儼《十玄門》與法藏《五教章》都優先闡明此一課題。可說、不可說，本來是甚為簡單明瞭的道理，但因智儼及後代祖師在闡釋「可不可說」的名義上，有著或開或合的不同，因而顯得頗為複雜。如《十玄門》云：

今辨此因果二門者。圓果絕於說相，所以不可以言說而辨。因即明其方便緣修，是故略辨也。問：「〈不思議法品〉等亦明果德，何故得於因門說耶？」答：「此等雖是果德，對緣以辨果，非是究竟圓寂之果，是故與因同一會說也。」

此處智儼說圓果不可說，但在討論自體因果時又說：「所言果者，謂自體究竟寂滅圓果。十佛境界，一即一切，謂十佛世界海及〈離世間品〉，明十佛義是也。」如此一來，〈離世間品〉等品，如何可說佛之果德？但是智儼在此並未提出疑難，也並未就此說明，卻另設問：《華嚴經》中〈不思議法品〉等也是在說「果德」，為何放在菩薩的因門中說，而非放在佛果位上說？這不是問「果德為何可說」，而是問「果德為何放在因門中說」？

其實，這裡應該有兩個連續的問題，而智儼只提出第二個問題。智儼答：「對緣辨果」，果德放在因門中說，是從方便緣修的角度相對地講果德，並非果德本身有差別之相可說。智儼在第二個自答中，同時回答了兩個問題。

智儼上述部分是從果門提問，而《十玄門》後來又從因門提問：

問：「如前明果德絕於說相，云何十信終心（因位可說）即具佛果德用（不可說）耶？若十信同果德者，即果德是可說之相，何不可說耶？」答：「因位菩薩有果德者，欲彰果德是不可說，是故歎德文云：『菩薩在此一地，普攝一切諸地功德。』」

問意主要在於，因位是可說，但因位菩薩也具果德證智，如何又有不可說？智儼回答，因位有果德，更彰顯果德是不可說、不可思議，如一地即普攝一切諸地功德，即是圓融不可思議的境界。

若將智儼之說配合因分、果分，即如下表：

自體果、果地十佛境界	不可說	又攝因地證智不可說	果分
自體因、因地普賢境界	可　說	又攝果地對緣可說	因分

智儼並未用「因分」、「果分」這二詞；表中用這二詞，是為了方便區分、並配合世親的用法而用的。世親認為「果分（證智）不可說」，智儼亦說「果地不可說」；不過，智儼認為這樣的說法較不精確，所以又用兼攝的方式補充。其實，若是分析開來，因地果地皆有可說、不可說，如下表所示：

自體果、果地	不可說（果分）	對緣可說（因分）
自體因、因地	可說（因分）	亦有果德不可說（果分）
註：世親從因地說因分、果分		

因分、果分在世親原是就因地（十地）來區分，果分是指因地修行人也有果證不可說的部分（佛智）。而上表在果地中標示「因分」，其意則為，果地中的對緣可說，實是對因地修行人而說的。

六相

「六相」出自《十地經．卷三》的經文「初地」之中：

一切菩薩所行廣大無量不雜（種種），諸波羅蜜所攝（體）。諸地所淨生諸助道法（業用），總相、別相、同相、異相、成相、壞相（方便）。

世親解釋此段經文，認為菩薩行持教化有四種：種種菩薩行、體、業用、方便，其中「六相」是教化的方便。

又世親在《地論．卷一》以「六相」是解釋經文言說的方法，並非指存在的事物：

一切所說十句中，皆有六種差別相門。此言說解釋應知除事，事者謂陰界入等。六種相者，謂總相、別相、同相、異相、成相、壞相。總者是根本入，別相者餘九入；別依止本，滿彼本故。同相者入故，異相者增相故。成相者略說故，壞相者廣說故。

世親以六相來解釋《十地經》慣用的十句式：總句是根本，其餘九句為別相；根本句又是諸句的同相，餘句有所增說為異相；根本句是略說成（聚）相，餘句是廣說壞（散）相。

地論南道派的法上、慧遠對世親的「六相」之意另有詮釋。法上在《十地論義疏．卷一》認為，世親說的「言說應知」是指六相的差別解釋是教化方便，真實之相是不可依語言文字而取相，是「一即一切，淺深平等，六無六相」，事相是隔別而不相融的，所以「須除」：

> 「一切十句中，皆有六種」者，此通釋十地一部中皆有六種總別義也。「言說應知」者，為教化故，作此優劣之說。真實之相不可依言而取，故云「應知」。又解，一即一切，淺深平等，六無六相也。謂「陰入」者，陰是五陰，入是十二入，界是十八界，事別不融，故須除也。

慧遠在《大乘義章．卷三》有〈六種相門義〉，其說六相是在「法體」義上建立，所以「遍在」，而事相是千差萬別而有隔閡障礙的，所以「除事」。但若攝事相以從體義，具足恆沙佛法，收攝一切事，則一一事中，皆具「無量六相」：

> 所謂總別、同異、成壞，此六乃是諸法體義。體義虛通，旨無不在。義雖遍在，事隔無之。是以論言：「一切十句，皆有六相，除事，事謂陰界入等。」陰界入等，彼此相望，事別隔礙，不具斯六，所以除之。若攝事相以從體義，陰界入等一一之中，皆具無量六相門也。

法上是將六相（差別）與實相（無相、圓融）對待而言，慧遠則轉將六相指為法體（實相）義。

「六相」義對智儼來說，是轉變他思想的重大關鍵詞，智儼正是由靜思「六相」而啟悟無盡緣起。此外，智儼繼承南道派思想，他對法上和慧遠等人發揮六相之義，應該是知之甚深，但是智儼的六相之說卻很簡約。《搜玄記．第六地》：

（因門）六義、六相共成者，六相有二義：一順理、二順事。此二義中，順理義顯，順事義微。其四緣事，二義同上，但順事義增，順理義微。所以知，因緣生果法，起迷義顯（順事），為此論主（世親）別將六相照令入理，故知四緣順事增也。所以知總別順理義增者，為辨六相令見心入理。

問：「何以得知，但總別六義得順理增，不取於事？」

答：「論主簡事不具六相，唯約義辨，故知也。」

六相原是六種現象，智儼說有「順理」和「順事」的差別，順事（隔別）

則迷，而世親說六相「除事」，智儼解釋為「但順理、唯約義」，因此說六相其實順事義微、順理義增，辨六相可令見心、入理。

辨別六相如何可入理？在智儼五十八歲之後所寫的《要問答》中的〈如實因緣義〉篇，將六相套在因果乃至緣起的一切事上以顯理：

> 其（因門）六義及前因果理事相成更以六法顯之，所謂：總，總成因果也；二、別義，別成總故；三、同，自同成總故；四、異，諸義自異顯同故；五、成，因果理事成故；六、壞，諸義各住自法不移本性故（有各自的性質）。
>
> 所述緣起並悉遍通，隨有事成。

《要問答．如實因緣義》中的六相：「總」體與個「別」（體）→相「同」與差「異」（相）→共「成」與「壞」散而有各性（用），以此顯現相待互成之理。上文括弧中配以體、相、用，是後來華嚴學上的講法。

智儼的六相說講得簡約，主要以六相作為分析對待互成的方法，以見心入理，其六相說統合事（迷）理（悟）兩面，關於此點：

（一）依地論派來看：六相說在地論派的發展，被吉藏批評為執相戲論：

> 今人立義與外道大同。如立世諦是總，萬像為別，與外道同，則障於佛法。今破有所得世諦，總別不成，故亦無真諦。此性有無盡，方得中佛法因緣二諦。又有所得十地師執六相義，謂同相、異相、總相、別相、成相、壞相，亦同今破也。（《百論疏．卷中》）

> 又如地論人用六相義以釋眾經，謂總相、別相、同相、異相、成相、壞相，今總求如此成壞不可得，明一切法本自不成，今亦無壞，即是中道，因中發觀，戲論斯滅。（《中觀論疏．卷九》）

吉藏在《百論疏》、《中觀論疏》兩處，對地論師的六相說，皆以中觀評破執相；可見，一般地論師說的六相偏向「事」，而法上則有無相說的「理六相」。就此看來，六相說在地論派應有「事六相」與「理六相」的兩種講法，大約如此，智儼才會提出六相有順理、順事二義。

（二）依《華嚴經》來看：智儼在《搜玄記》詮釋第六地的「十二因緣」

時說，六相有事理、迷悟二義，並以「法界緣起」統合染、淨兩種緣起，智儼對《華嚴經》的詮釋方法，是採取貼切經文的態度。

（三）依因門六義來看：智儼在《搜玄記》、《孔目章》論因門六義之後，認為因果順事易迷，所以再以六相加強，表示對待互成。

另外，這六相若套在同體、異體門上，即成了法藏所謂的「六相圓融」。如智儼在《十玄門》論「同體門」、「同時具足相應門」中都舉「舍」為例：

問：何但一不成，十亦不成？

答：如柱若非舍，爾時則無舍。若有舍，亦有柱；即以柱即舍，故有舍，復有柱。如舍成時，一切法皆一時成；若有一法不成者，此舍亦不成。

若以舍為總體，柱為個別之體，「若有一法不成者，此舍亦不成」，如此即為總別圓融。法藏在《五教章．卷四》「六相圓融」中，也舉屋舍說明緣起圓融，其理與智儼無二，只是法藏將屋舍套上六相、體用的形式，反覆說明此理，始倡「六相圓融」，並且說六相在顯「法界緣起，無盡圓融」，「六相鎔融，因果同時（即如因門六義）」，如此，六相之說成為了法界圓融的核心理則。

此外，法藏又以「一、多」貫穿六相：

一即具多名總相　多即非一是別相

多類自同成於總　各體別異現於同

一多緣起理妙成　壞住自法常不作

「總、同、成」為「一」、「別、異、壞」為「多」，所以確實可由一多貫穿。法藏的六相理路，正是從智儼論一多的同體異體中，再發揮出「六相圓融」之義。

智儼在同體異體、因門六義、理事六相等圓融理則上，大體表現出分述的格局，未明確指出其間的內在關聯性。法藏則透過體用、緣、一多的概念，展現出整合的格局。二位祖師的說法簡示如下：

智儼分述	法藏整合
同體異體 因緣六義─(共顯)─事理六相	同體異體 (體用緣) ╱ ╲ (一多) 因門六義─(共顯)─六相圓融

歸納上述，世親、法上、慧遠、智儼、法藏之論六相，列表如下：

世親	教化六相	教化方便，解釋經文十句的方法，除事
法上	無相六相	在六相上應知實相無相，一即一切
慧遠	法體六相	六相在法體義上建立，攝事從體，事具無量六相
智儼	事理六相	順事起迷，順理觀照，令見心入理
法藏	圓融六相	一多圓融

（上述各家的六相名稱，是本書依義而立名）

世親的六相說，有「除事」之言，似應指六相純為解釋經文的方法；但後人依此而有：無相六相、法體六相、事理六相之說。在地論學派應有「事六相」與「理六相」的兩種講法，如吉藏批判的「事六相」，與法上的「理六相」；智儼大概就是因為有事、理六相，才會提出六相有順理、順事二義。智儼的六相之說相當簡約，他在攝論學派論述因門六義之後，認為因果順事易迷，所以再以六相加強，表示對待互成。法藏在《五教章》中，則大加發揮六相圓融之義。

從慧光到智儼

慧光（四六八至五三七年）是南北朝時代的義學高僧，俗姓楊，北朝時定州長盧（今河北滄州）人。十三歲時，跟隨父親入洛陽，歸依了佛陀扇多（Buddhaśānta）；不久，佛陀扇多便度他出家。慧光常為人講經，有「聖沙彌」

之稱。佛陀扇多以戒律為智慧的基本，令慧光先聽講《四分律》，繼而回鄉，受具足戒。後到洛陽參學，貫通南北方言，從事著述。

當時的譯師有菩提流支、勒那摩提、佛陀扇多三家，助譯者方言各異，以致於在傳述過程中常有分歧而發生爭執。慧光也列席譯場，他既諳習語言，因而常常為紛爭進行溝通，終能完成譯業。在此之時，他受教於勒那摩提，得其傳授，後來撰成《十地經論疏》，發揮經論的奧旨，地論學派由此流傳，慧光成為地論師南道系的創始者。

東魏時，慧光任國僧都。北齊時，應召入鄴都，住大覺寺，轉任國統，故又被尊稱為「光統律師」。後來在寺中圓寂，年七十歲。

慧光註解《華嚴》、《涅槃》等經，並造《四分律疏》，刪定《羯磨戒本》，於《四分律》有草創之功，後代尊為四分律宗之祖；又著有《玄宗論》、《大乘律義章》等。不過，以上的著述，現存的只有《華嚴經義記．卷一》的斷片，現收入《大正藏．第八十五卷》，其餘都散佚了。

慧光對於教判有獨到見解，有三教、四宗兩種教判，依其性質歸類如下以解說——

一、通途四宗判：慧光的四宗判是通途化法判，分別為因緣宗、假名宗、誑相宗、常宗。慧光以為一代佛教中，佛教學說可分四類：

（一）薩婆多部的毗曇學說，諸法各有體性，皆從六因四緣而生，可以稱為「因緣宗」。

（二）《成實論》說一切法皆無實體，但有假相假名，可以稱為「假名宗」。

（三）如《大品》及《三論》說諸法不但無有實體，即假相亦虛誑不實，可以稱為「誑相宗」。

（四）《涅槃》、《華嚴》等經論，說常住佛性，可以稱為「常宗」。

四宗判教，是慧光依《地論》南道派的主張，對當時盛行的經典和學說所作的判斷，依序展現出義理深入的程度與時間發展的大致先後。

二、真圓六宗判：慧光在四宗判之後，加上同歸性質的《法華經》為真宗，染淨俱融的《大集經》為圓宗，強調出「真、圓」的觀念；其中的「圓宗」，若據其三教判則應改為《華嚴經》。

因緣宗、假名宗、誑相宗、常宗，加上真宗、圓宗，此六宗大致同於智儼、法藏的小、始、終、圓的四教。華嚴宗的這四教與天台宗的藏、通、別、圓的四教判相似，歷來多認為是受到天台宗的影響所致。其實，就判教發展的脈絡而言，智顗的「化法四教」（藏、通、別、圓）本就有收攝、修改慧光的六宗判而形成的跡象；就此看來，慧光的六宗判應是天台宗與華嚴宗判教的共同源頭。

三、**華嚴「頓圓」之三教判**：慧光的三教判即是「漸、頓、圓」三教說，後來大致就成為「南三北七」中之北七教判的通相。

慧光有兩種漸、頓、圓的三教判；其中，判《華嚴經》為「頓圓」的三教判，可說即是為了《華嚴經》量身訂作的架構。這種三教判其實只在指出《華嚴經》為圓頓教，以「直陳宗本」的化儀定義頓教；這種頓陳佛境的頓教之說，是當時通行的看法；而「圓教」一詞則為慧光的新用法，這是從化法來說頓教的內容。《華嚴經》的頓圓判，即是從化法、化儀的判經之判。這是專為《華嚴經》設計的經判，後來智儼即用此來判攝《華嚴經》。

四、華嚴「圓教」之三教判：慧光另一種漸、頓、圓的三教判，是以「圓教」單指《華嚴經》，這是將「通途四宗判」中最高的「常宗」內的《涅槃經》與《華嚴經》再分高下，突顯出《華嚴經》的終極圓滿地位。

此三教判中，以「同時俱說」定義頓教，是一新用法；若就新語詞的發展而言，此判教較前之頓、圓皆指《華嚴經》的三教判更進一步。這也許是慧光反省到，前說中新用的「圓教」一詞「為於上達分階佛境者，說……」，這已足以包含當時通用的「頓教」一詞「始於道樹，為諸大行，一往直陳……」之義，因此大可不必使用意義雷同的圓、頓二教重複指陳《華嚴經》。所以，慧光相當技巧地將「頓教」一詞轉用在《華嚴》圓教之下，並以此可再區分出《涅槃經》的位置。澄觀在《華嚴經隨疏鈔．卷六》，從多分總說這三教判，亦是化儀判：

頓中化法，無異漸中；別時說空、不空，即名為漸。同時說空、不空，即名為頓，故是化儀。其第三亦約化法，揀異前二。從多分說，故云：「此亦約化儀」。

漸（次第說）、頓（同時俱說）顯然是化儀之教；而圓教則是「為上達分階佛境者，說於如來無礙解脫究竟果海，圓極自在祕密法門」的化法之教；不過，這三教若從多數說，也可說是化儀判。

再者，澄觀說「其第三亦約化法」，似乎也可指圓教本身同時亦有「約化儀」之意；這是說，圓教既是為「上達分階佛境者」說《華嚴經》，就也有化儀頓教的性質。

如此，對比於當時通用的頓、漸、不定的化儀之判，可說慧光將之轉化為漸、頓（同時俱說，即相應原先之不定）、圓（分階佛境，即原先之頓）。雖然此判只分三教，但是這新名目的提出，是必須重新審視通用的化儀判與自家的四教判之後，才能提出的新看法。

慧光將判攝《華嚴經》為重複的圓頓教精簡為圓教，這在智儼的判教上也可看到類似的做法。智儼早年以圓頓教判攝《華嚴經》，晚年唯用圓教，這又顯示出圓頓之判確嫌重複。又，慧光的化儀之判建立「同時俱說」之頓，而智儼則將頓教恰與慧光對反地轉為「同時不說（不可說）」之頓，並且也置於圓教之下。這頓教之說，正是智儼與慧光同中有異的最鮮明之處。

以上慧光的「通途四宗判」、「六宗真圓判」、「華嚴頓圓判」、「華嚴圓教判」，都在智儼的判教中有相應之處，「通途化法判」也相應於法藏另開的通門判。

慧光對智儼在思想上的影響甚巨，尤其是對於《華嚴》的理解，從整體性的啟發到法義上的闡釋，都對智儼帶來重大影響。以下從智儼的角度，說明他受慧光影響的部分——

華嚴宗趣

智儼在智正法師於至相寺開演《華嚴經》之後，便開始探尋有關《華嚴經》的眾家闡釋，始終不能解開他對華嚴學舊說的疑惑；直到閱讀慧光的《華嚴經疏》，其中的「別教一乘無盡緣起」之說，令智儼頓悟，開啟他對華嚴學圓頓教法的新方向。

在《華嚴經》的宗趣方面，慧光判《華嚴經》是「因果理實為宗」，智儼對於《華嚴經》的宗旨和意趣可以說是完全承襲慧光的說法，智儼在二十七歲所撰寫的《搜玄記》中明言《華嚴經》為「因果緣起理實為宗趣」，僅比慧光的判釋多了「緣起」二字；此二字其實是表示華嚴乃「別教一乘無盡緣起」的特色。因為，其中的「理實」是指智儼在《十玄門》中說的「自體法界」，而「因果緣起理實」即是《十玄門》中說的自體因果的法界緣起。

智儼在《十玄門》中解釋《華嚴經》的「自體因果」之時說：

所言因者，謂方便緣修體窮位滿，即普賢是也。所言果者，謂自體究竟寂滅圓果，十佛境界，一即一切，謂十佛世界海及〈離世間品〉，明十佛義是也。

問：「文殊亦是因人，何故但言普賢是其因人耶？」

答：「雖復始起發於妙慧，圓滿在於稱周，是故隱於文殊，獨言普賢也。亦可文殊、普賢據其始終，通明緣起也。」

所謂的「自體因」，是指初住位證入法身（自體）後，以種種方便為依緣來修行，分證「一即一切」的圓果境界，依此自體因果起修（本有修生），一位即一切位，到達因地的體窮位滿。《華嚴經》中，普賢代表因地的圓滿稱周，以普賢菩薩為因地修行人的代表；也可用文殊妙慧、普賢稱周兩者共同代表，表示因位緣起的始、終。

所謂的「自體果」，是指究竟寂滅圓果，圓滿的十佛境界、一即一切。智儼承襲慧光對於《華嚴經》以「因果理實」為宗趣的說法，這即是《華嚴經》本身的進路，是從修證上的因果進路顯現法界緣起，而且是從自體因果上來說無盡的法界緣起。

為弘揚《華嚴》而判教

智儼為了弘揚《華嚴經》，運用了攝論、地論學派的判教。智儼二十七歲寫的《搜玄記》中提出了「漸、頓、圓」的三教判，是智儼專為烘托《華嚴經》為圓頓教而立的判教，之中的「頓、圓」皆指《華嚴經》，這個觀點就是受到慧光的影響。

最早在經典中有頓、漸之分的說法是《楞伽經．一切佛語心品》：

佛告大慧：「漸淨非頓。如菴羅果，漸熟非頓。……譬如明鏡，頓現一切無相色像；如來淨除一切眾生自心現流，亦復如是，頓現無相、無有所有清淨境界。」

經中的「頓」，接近於智儼後期所立五教判中的無言頓教之說；雖然不是智儼早期判教所指的《華嚴經》，但《楞伽經》所述已分出了頓、漸的架構。南北朝、隋代有通行的漸、頓之判，而此頓教就是指《華嚴經》，這也是此時期判攝《華嚴經》的主流思想。圓教之說是慧光首先啟始提出的，慧光在《華嚴經疏》將圓教結合頓、漸，這就形成了後來智儼大體沿用的「漸、頓、圓」三教判。慧光的《華嚴經疏》今已不復存在，但是依據法藏的《華嚴經傳記》、《五教章》、《探玄記》等三部著作中所記載的慧光判教，可以確認智儼承襲於慧光的判教。

不過，若仔細考察法藏所說的慧光判教，其實與智儼的判教仍然是有所出入的。法藏《五教章．卷二》記載慧光的三教判：

三、依光統律師立三種教，謂頓、漸、圓。光師釋意：以根未熟，先說無常，後說常。先說空，後說不空。深妙之義，如是漸次而說，故名漸教。為根熟者，於一法門，具足演說一切佛法。常與無常，空與不空，同時俱說，更無漸次，故名頓教。

為於上達分階佛境者，說於如來無礙解脫究竟果海，圓極自在祕密法門。即此經是也。

法藏在《探玄記・卷一》中記載慧光所說的三教判，亦與上述《五教章・卷二》的內容相符，且說「即以此經是圓、頓所攝。」法藏所載慧光所談的圓教意義，與智儼所說是一致的；但對於漸、頓的說法則有所差別——

壹、漸教

智儼《搜玄記・卷一》說漸教是：

所言漸者，為於始習施設方便，開發三乘引接之化，初微後著，從淺至深，次第相乘，以階彼岸，故稱為漸。

如果智儼這裡所說的並非慧光原文，而是智儼已有所更動，則這裡即是以「三乘」統攝慧光漸教的無常、空、不空等義，此處智儼又與引用《攝論釋》一般，用「三乘」取代原文。無論如何，此處運用「三乘」奠定了「漸（三乘，小乘的聲聞、緣覺與大乘漸教）、頓、圓」與「小乘、三乘（大乘中的三乘）、一乘」這兩種三教判的融會基礎，以「三乘」為聯結中心，終致晚年智儼發展出「小、始、終（以上漸教三乘）、頓、圓（一乘）」的五教判。

貳、頓教

《搜玄記·卷一》說頓教是：

> 謂始於道樹，為諸大行，一往直陳宗本之致。方廣法輪，其趣淵玄，更無由藉，以之為頓。

此處所謂頓教，是在佛初成道時頓陳的大方廣法，顯然是指《華嚴經》，這也是當時通行的頓教之說。反觀慧光的頓教，在法藏《五教章》中，並未直接指向《華嚴經》；且又說圓教即《華嚴經》，如此似又反顯出頓教並非指《華嚴經》，而澄觀在《華嚴經隨疏鈔·卷六》即說，此文中的頓教是指如《涅槃經》：

（慧光頓教）言「具說」者，即如《涅槃》說：「空者，所謂生死；不空者，所謂大涅槃等。」又云：「若空、不空，若常、無常，皆令廣聞，即是頓也。」

澄觀引《涅槃經》證明此經正是慧光所說的「常與無常，空與不空，同時俱說」的頓教型態；如此，法藏在《探玄記》論述慧光的判教時說《華嚴經》「是圓、頓所攝」，這就可能是法藏自行加上的浮泛指稱罷了。另外，智顗在《法華經玄義．卷一》說慧光有因緣、假名、誑相、常宗的四宗判，而將《涅槃經》與《華嚴經》同判於常宗；若依這四宗判，則無法顯出《涅槃》、《華嚴》二經的高下。所以，或許慧光在《華嚴經疏》建立漸、頓、圓之判，即是為了顯示《華嚴經》高於《涅槃經》！

日本學者坂本幸男在《華嚴教學の研究》中指出，湛睿（一二七一至一三四七年）在《五教章纂釋》所引述的慧光頓教，與智儼所說相符：

彼《華嚴經疏．第一》云：「今此經者，三教之中，蓋是頓（原案：似乎脫漏圓字）教所攝也。」

又云：「頓者，始於道樹，為諸大行，一往直陳宗本之致。方廣法輪，其趣淵玄，更無由藉，以之為頓。」

慧光有兩種漸、頓、圓之說，或許這正是《廣疏》與《略疏》的不同說法。漸、頓、圓三教判的經典根據無疑是《華嚴經》，而其直接根據是慧光的《華嚴經疏》，這是佛教在中國發展出來的判教，而圓頓也正是中國佛教的顯著特色。

智儼對慧光的三教判不見外地引用，以致於始終未曾註明此三教判的出處。這也如同法藏在《五教章》、《探玄記》中皆廣列十家判教，而後便敘自宗的五教判，其中也無提及五教判乃承自智儼，由此也導致華嚴宗後人說五教判的來由是受到天台宗所影響，忽略了慧光到智儼的發展過程。

若從慧光與智儼的傳承、判教來看，智儼深受慧光影響，法藏說智儼在《搜玄記》中「立教分宗」，若以此「立教分宗」作為正式建立華嚴宗教義的標誌，《搜玄記》中所立的兩種三教判（主要是「漸頓圓」，亦有「小三一」）、與分宗：《華嚴經》為圓頓一乘、「別教一乘無盡緣起」的意旨，乃至《孔目章》的五教判，其基礎規模大抵在慧光的《華嚴經疏》與六宗判教中都已具備了。可惜《華嚴經疏》今已不復存在，以致於無法明確指認，否則慧光可能應被追溯為華嚴宗的遠祖。

從慧遠到智儼

慧遠（五二三至五九二年），祖籍敦煌，世居建興郡高都霍秀里（在今山西晉城市境內），隋代高僧，為地論宗重要代表人物。隋開皇三年（五八三年），隋文帝為他建立淨影寺，故又被後世稱為「淨影慧遠」，有別於東晉的「廬山慧遠」。其與天台智顗大師、嘉祥吉藏大師，並稱為隋代三大師。

慧遠終年七十歲，一生著述頗豐，注解《地論》、《地持》、《華嚴》、《涅槃》、《維摩》、《勝鬘》等經，又造《大乘義章》、《十地義記》等論疏，共二十多部百餘卷，盛揚所承，其門下有靈璨、惠遷、善胄、智徽、辨相等十餘人。

慧遠對《大乘義章》作了詳細的註疏，闡述了地論師南道的教說，並集南北朝佛學的大成，在教理史上有著重要的意義。其學說中有不少《大乘起信論》的說法，如《大乘義章．卷三》論及諸識「體相」時說：

如《起信論》說：一真如門，是心體性；二心生滅門，是其心相。就真論體，心體常寂，平等一味，名心真如。……據妄攝真，真與妄合，緣集起盡，名心生滅。

慧遠認為，第八識即是「心真如門」，前六識及第七識為「心生滅門」，第八識既在心真如門作為心之體性而存在，又在心生滅門作為「隨緣無失」的心相而存在。至此，第八識作為心體，就具有了「不變隨緣」、「隨緣不變」的雛型意義。

儘管攝論師、地論師均以「識」的最底層為真識或真心，但第九識、第八識一位之差，含義卻迥然不同。攝論師所說的第九阿摩羅識，乃佛果、法界所攝，只是佛之體性而非眾生心性；阿摩羅識因為不能作為諸法所依，因此不能作為萬法的本體。而地論師南道派所說的第八阿黎耶識，則具有本體的地位，慧遠明確地講出了「依真起妄」等義。

雖然其說並不系統、嚴密，甚至有些混亂，但將理體與心體合一於第八阿黎耶真心的見解，終究是對隋唐佛學發生了重大的影響。以往，學界習於以玄奘所傳學說為正宗，而對唯識古學多有貶抑；其實，唯識古學才是隋唐中國化的佛學宗派最重要的思想來源。

慧遠是隋代地論學的集大成者，博綜當代，統貫攝論、地論的學思背景；智儼與之類似，智儼《搜玄記》中的思想亦受到慧遠相當的影響與啟發。

智儼在《搜玄記》中判分漸、頓之說，以及漸教典籍區分為聲聞藏與菩薩藏，其處與慧遠《維摩義記》的相關文脈字句頗為相近。智儼在《搜玄記・卷一》：

教門有三：一曰漸教。二曰頓教。三曰圓教。

聲聞鈍根，就分別性立於三藏，成聲聞行法故也。為菩薩利根，約無分別等三無性，義立三藏，為成菩薩行法故也。

菩薩藏內有二：一者先習大法，後退入小，今還進大故。（《法華》）經說言：「除先修習學小乘者，我今亦令入是法中」，名漸入也。二者「久習大乘，今始見佛」，則能入頓。

智儼此說與慧遠在《維摩義記》中所言，思維方式相當接近。慧遠在《維摩義記》言：

聖教雖眾要唯有二。其二是何。謂聲聞藏及菩薩藏。教聲聞法名聲聞藏。教菩薩法名菩薩藏。……菩薩藏中所教亦二。一是漸入，二是頓悟。言漸入者，是人過去曾習大法，中退住小，後還入大。大從小來，謂之為漸。故（《法華》）經說言：「除先修習，學小乘者，我今亦令入是法中」，此即是其漸入菩薩。言頓悟者，「有諸眾生，久習大乘相應善根，今始見佛」，即能入大，大不由小，目之為頓。

此中均略引用了《法華經．從地湧出品》：

是諸眾生，世世已來常受我化，亦於過去諸佛供養尊重，種諸善根。此諸眾生，始見我身，聞我所說，即皆信受入如來慧；除先修習學小乘者。如是之人，我今亦令得聞是經，入於佛慧。

不過，智儼對於「頓教」還引了《華嚴經．十地品》第九地的四乘偈，作為經證：

第二、頓教攝者，故下經云：「若眾生下劣，其心厭沒者，示以聲聞道，令出於眾苦。（若）復有眾生，諸根少明利，樂於因緣法，為說辟支佛。若人根明利，饒益於眾生，有大慈悲心，為說菩薩道。若有無上心，決定樂大事，為示於佛身，說無量佛法。」

以此文證知，有一乘及頓教、三乘差別。

又依真諦《攝論》：一者一乘，二者三乘，三者小乘。

偈文中，有聲聞、辟支佛即緣覺法、菩薩等三乘，與無上心的最高一佛乘等內容；智儼解說時，又引《攝論》的三乘，而這三乘則是指大乘的迴心聲聞、緣覺與直進菩薩，皆非小乘，經文中「饒益眾生」才確指大乘。所以，智儼先說的「以此文證知」的三乘，應指小乘的聲聞、緣覺與大乘的菩薩。

此外，智儼進而區分頓教與一乘：

問：頓悟與一乘何別？

答：此亦不定：或不別，或約智與教別，又一淺一深也。一乘藏即下十藏也，相攝準之。

智儼在此處以「頓悟」代替頓教，以《華嚴經．十無盡藏品》的「十藏」表示「無盡」（即十）、「一攝一切、統含無外的蘊積」（即藏）的一乘之義。

智儼列出頓悟與一乘的三種關係：

（一）頓悟即一乘。

（二）頓悟是就智說，一乘是就教說。

（三）頓悟淺，一乘深。

這三種關係是就不同角度說明頓教：就漸教言，久習大乘，見佛則能頓入如來慧，因此頓悟是介於漸教跳躍到一佛乘所必須的智悟，所以就中介性言，頓悟較一乘淺；不過若就悟境、或開示此境而言，頓悟即是一乘。

總之，智儼對於漸、頓、圓等的觀點，幾乎是沿襲慧遠等地論師，再進而發揮闡釋之。

注〈十地品〉

智儼《搜玄記》在注釋〈十地品〉時，將慧遠的《十地義記》之文，照樣而數數援用，如：

成就無上自利利他行，初證聖處，多生歡喜，故名歡喜。

凡夫我相障者，此對初地，無我真解，說我為障。

以上引文是慧遠在《十地義記》中對於初歡喜地的解釋，而智儼《搜玄記》對於歡喜地的解釋是完全沿用：

初名歡喜。成就無上自利利他行。初證聖處，多生歡喜。故名歡喜地。

所除障者。依地論名凡夫我相障。

智儼對於十地中各地的解釋，幾乎同於慧遠在《十地義記》中的闡釋。

法界緣起

佛教史上，最先使用「法界緣起」之詞的是慧遠，他在《無量壽經義記》、《大般涅槃經義記》、《維摩義記》、《十地經論義記》、《大乘義章》等處，都有論及法界緣起。如《大乘義章》云：

是等（大乘）諸經……皆明法界緣起法門。語其行德，皆是真性緣起所成，知如來藏中真實法界緣起之門。

慧遠所謂的法界緣起似乎即是如來藏緣起，法界就是指法性、真性、如來藏；但慧遠在《十地經論義記》、《地持論義記》中明確說：

法者，自體如來藏中具一切法。雖同一體，門別恆異，異故明界。如來藏中，恆沙佛法，同一體性，互相緣集，名為緣起。門別各異，名為法界。

引文中，慧遠的「界」不是「性」義，而是「差別」義；「法」是如來藏體中的一切恆沙佛法，此等諸法的共存，即是緣起，這種說法，顯然是取自《起信論》中說如來藏的「相大」具足無量恆沙性功德：「具足如是過於恆沙不離不斷不異不思議佛法，乃至滿足無有所少義故，名為如來藏，亦名如來法身。」如來藏之「體」具足恆沙佛法之「相」。所以，慧遠的法界緣起，是指如來藏體上的恆沙差別佛法之相的共存，這是從體性上說的緣起相，與一般說的如來藏緣起，是由體而發用、是用的緣起，並不相同，兩者差別如慧遠在《大乘義章・卷三》說：

> 緣用實者，苦集等相，究竟窮之，實是法界緣起集用，不染而染，起苦集用。

慧遠說，用的緣起之實際理體乃至苦集等相狀，究竟來說，都是法界緣起、體相的起用，不染而染，起苦集用。慧遠的法界緣起說，實為如來藏緣起義涵的內部說明。慧遠《維摩義記・卷二》：

> 又人復言：「徵須菩提，令入法界緣起淨門，上同諸佛；亦入法界緣起染門，下同凡夫，乃可取食。」

這是慧遠述及他人解釋《維摩經》之意，其中直接說道，法界緣起具有凡夫染門與諸佛淨門，此說法更類似於如來藏緣起。但不論如來藏體相的法界緣起，或是體用的如來藏緣起，都不出《起信論》中如來藏的體相用之說。

華嚴宗後來所主張的「法界緣起」，大體說來，此「法界」是特指總含一切事理並且是以全體圓融的方式存在，此即是緣起的實況，這就是所謂的「法界緣起」。「法界緣起」是就諸法而言；若就本性而言，稱為「性起」；若就判教而言，稱「一乘緣起」；若就佛境而言，稱「十玄緣起」；若就相涵而言，稱「無盡緣起」。

智儼在《搜玄記・卷三》所說的「法界緣起」，則是依《華嚴經》而立，不同於後來華嚴宗所說的「法界緣起」，而是類同慧遠的《維摩義記》所說，包含染、淨兩方面的緣起：

依大經本，法界緣起乃有眾多，今以要門略攝為二：一約凡夫染法以辨緣起，二約菩提淨分以明緣起。

智儼《搜玄記》說《華嚴經》內有眾多情況的法界緣起，所以此中「法界」不是指法性、法因，而是指森羅萬象的一切法。一般都說《華嚴經》是談佛境界的經典，這是後來華嚴宗從總體上來說的；其實，此經也兼帶許多三乘法的部分；例如，〈十地品〉第六地中的「三界唯心」、「十二因緣」，是偏向染法的緣起，〈性起品〉則純粹是淨法的緣起。智儼將《華嚴經》內的緣起說，略分染淨兩方面，染緣起屬凡夫染法，淨緣起屬正覺（菩提）法界。

《華嚴經．十地品》第六地著名的唯心之說，「三界虛妄，但是心作；十二緣分，是皆依心。」宋元明本作「三界虛妄，但是一心。」智儼在《搜玄記》中的解釋，將「緣起」分作「淨緣起」與「染緣起」，淨緣起純是顯示真理，此即「法界緣起」；染緣起是就「凡夫染法」的角度來說緣起，是真妄和合的緣起。

智儼的染淨緣起之架構，與慧遠及《起信論》相較，可以發現三者的說法相通。首先就慧遠的染淨緣起來看，在《起信論義疏》中談到心真如緣起之作用，表列其細目如下：

心真如——用（如來藏緣起）
- 染
  - 依持用
  - 緣起用
- 淨
  - 隨緣顯用
  - 隨緣作用

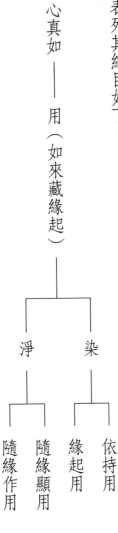

其次，在《起信論》中，真妄和合的阿梨耶識，有「覺」與「不覺」二義：

名為阿梨耶識，此識有二種義，能攝一切法，生一切法。云何為二？一者覺義，二者不覺義。……所言覺義者……依此法身說名本覺（本有）。何以故？本覺義者，對始覺義說。以始覺者即同本覺（本有修生）。始覺義者，依本覺故而有不覺，依不覺故說有始覺（修生）。又以覺心源故名究竟覺（修生本有）。

《起信論》這段內容，以圖表說明如下：

真妄和合阿梨耶識
- 不覺（如來藏緣起攝賴耶緣起）
- 覺
  - 本覺（本有）
  - 始覺即同本覺（本有修生）
  - 不覺故有始覺（修生）
  - 至成究竟覺（修生本有）（如來藏緣起升至性起）

括號部分，即智儼沿用慧遠之詞。由以上來看，智儼的染淨緣起的架構，與慧遠、《起信論》兩者實相通。慧遠依《起信論》直接以真心為中心，表現出義理上的精純性；智儼為了平衡詮釋《華嚴經》經文的染淨相，因此不依《起信論》以純淨一心作為開展中心，而是在照應《華嚴經》經文的前提下，轉而採用《起信論》中阿梨耶識的覺與不覺之架構，又參酌了慧遠的真心染淨之架構，以此提出其法界緣起的染淨之說。總之，歸納智儼的法界緣起之染淨說，其細目如下：

- 法界緣起
  - 凡夫染法
    - 緣起一心門
      - 真妄緣集門——無真妄別
      - 攝本從末門——唯妄心作
      - 攝末從本門——唯真心作
    - 依持一心門
  - 菩提淨分
    - 本有
    - 本有修生
      - （本有、本有修生）——〈性起品〉
    - 修生
    - 修生本有
      - （修生、修生本有）——〈十地品〉

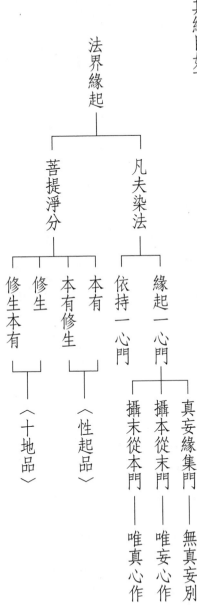

凡夫染法即是「染緣起」，又分「緣起一心門」與「依持一心門」。「緣起一心門」又分為「真妄緣集門」、「攝本從末門」、「攝末從本門」。菩提淨分即是「淨緣起」，又分為「本有」、「本有修生」、「修生」、「修生本有」，以下略述之——

壹、染緣起

智儼依經文「三界虛妄，但是心作；十二緣分，是皆依心」，將「心作」與「依心」的前後兩部分經文，成立了「緣起一心門」與「依持一心門」。智儼的染淨緣起的架構，多位學者皆指出，是參考了慧遠的《起信論義疏》、《大乘義章》。如《起信論義疏》中說：

> 言用大者：用有二種，一染，二淨。此二用中各有二種。染中二者：一依持用，二緣起用。

慧遠區分染緣起的作用有兩類，第一類「依持用」，即智儼後來成立的「依持一心門」；第二類「緣起用」，即智儼後來成立的「緣起一心門」。另外在慧遠的《大乘義章》中說：

凡夫五陰，真妄所集，唯真不生，單妄不成；真妄和合，方有陰生。攝陰從妄，唯妄心作。如夢中身，昏夢心作。如波風作。攝陰從真，皆真心作；如夢中身，皆報心作，如波水作。從真義邊，說為佛性。與《勝鬘經》生死二法是如來藏，其義相似。

慧遠言五陰乃「真妄所集」，此即智儼後來成立的「真妄緣集門」；「攝陰從妄」即智儼後來成立的「攝本從末門」；「攝陰從真」即智儼後來成立的「攝末從本門」。對照之下，智儼染緣起分立的各門，與慧遠之說完全吻合。

下面分述之——

一、「緣起一心門」中之「真妄緣集門」

智儼解釋，「緣集」是指從總相（總體上）論「十二因緣」皆是一個「本識」所作，本識「無真妄別」。智儼並舉經論證明：

《（起信）論》：「依一心法，有二種門……以此二門不相離故。」

《華嚴經》：「唯心轉故」。

《（起信）論》：「真妄和合名阿梨耶」。

智儼舉《華嚴經》的原文應是六十卷《華嚴經》：「一切從心轉」及《地論》：「但是一心作者，一切三界唯心轉故。」而第三段引文所引的《起信論》原文應是：「所謂不生不滅與生滅和合，非一非異，名為阿梨耶識。」阿梨（黎）耶識就是阿賴耶識，只是譯語差別。智儼在引用經論之後解釋：

唯真不生，單妄不成；真妄和合，方有所為。如夢中事，知與睡合，方得集起。

從上述智儼的解釋來看，「真妄緣集」應指十二因緣是由真妄和合之緣所集起。底下再分三點探究：

（一）心：智儼「一心」的觀念主要依據《起信論》，但其所引《起信論》

中的兩段話似有矛盾。依《起信論》「一心二門」的架構如下：

- 一心（真心）
  - 心真如門（體）
  - 心生滅門（體相用）
    - 淨緣起
    - 染緣起（真妄和合的阿梨耶識）

若依上表參合智儼所說，智儼的「本識」既指一心（真心），又指阿梨耶識（真妄和合），又說本識「無真妄別」，究竟是何義？

這從智儼立「真妄緣集門」，並解釋「唯真不生，單妄不成，真妄和合，方有所為。如夢中事，知與睡合，方得集起。」以及「依持一心門」可以確知，智儼說的一心，是指阿梨耶識，與《起信論》不同。

《起信論》的「一心」指「真心」，而智儼只是借用《起信論》中「一心二門」的架構來表達「一心」統攝染淨，又以《起信論》中生滅門之染緣起的阿梨耶識，反過來統攝真心，成為以梨耶為中心的一心說，這正如《起信論》中自說真如門與生滅門「是二種門皆各總攝一切法。」智儼如此活用《起信論》的目的，在於建構他此處論述的主題「染緣起」，著重染法的一面，所以他不以真心作為統攝的中心，而將一心轉換作阿梨耶識。

智儼的這種轉換，以阿梨耶識為一心去詮釋第六地的「三界虛妄，但是（一）心作」，可以進退靈活；因為，第六地的這部分經文都在談虛妄、無明的十二因緣，若據文獻來看，應先肯定妄心緣起的進路（攝本從末門），進而從妄心中才能再依理路肯定妄心必須依止真心（攝末從本門），此即智儼所謂「唯真不生，單妄不成；真妄和合，方有所為。」這意思在《孔目章．立唯識章》中，智儼援引了《勝鬘經》與十段《楞伽》經文來證明。另，慧遠《起信論義記》中，也以「妄心↓真心」的進路詮釋「三界虛妄，但一心作」：

若無妄念，生死妄境何由得起？故下文言：「心生法生，心滅法滅。」三界虛妄，但一心作。

問曰：「何故上中八識為生死體，今此何故妄心為體。」

答：「近體者妄心是也，若遠由者真識亦是。」

慧遠指此「一心」的近體為妄心（應是「真妄和合」的妄心），遠體是真識。智儼也正是此意。

（二）無真妄別：若依《起信論》，「無真妄別」之義應歸屬於「離言真如」；而智儼在此處將一心定位於阿梨耶識，「無真妄別」應指「唯真不生，單妄不成」的「真妄和合」，也就是指無真妄的獨立區別，並非指超越真妄名言的分別。

（三）修改慧遠文句：前文引證了慧遠的《大乘義章》之文，指出智儼參照其架構，此處再對照兩者的文句：

【慧遠】凡夫五陰，真妄所集（真妄緣集門）；唯真不生，單妄不成；真妄和合，方有陰生。攝陰從妄（攝本從末門），唯妄心作；如夢中身，昏夢心作，如波風作。攝陰從真（攝末從本門），皆真心作。如夢中身，皆報心作。

【智儼】唯真不生，單妄不成；真妄和合，方有所為。如夢中事，知與睡合，方得集起。

兩相對照，顯然智儼修改了慧遠的文句，慧遠有「五陰」，智儼省略；慧遠在「別相兩門」中分別舉夢中身為「昏夢心作」、「報心作（昏夢的心與覺醒的心是同一個報心）」，智儼在「總相門」中合併「昏夢心作」與「報心作」，成為「知與睡合」。

二、「緣起一心門」中之「攝本從末門」

智儼說「攝本從末門」是「唯妄心作」，這是基於真妄（本末）和合，從妄的角度攝收全體來說。智儼又舉兩例來說「攝本從末」——

（一）世親《攝論釋》云：「名種子識及果報識，對治道時，本識都盡。」《攝論釋》有「種子識」、「果報識」之說，在論「對治」道時，說：「（涅槃）四德（常樂我淨）圓時，本識都盡。」這是舉論證明「本識」指妄心：對治圓滿之時，本識都盡，所以此本識即指妄心。

（二）慧遠《起信論義記》講「緣起用」引《不增不減經》：「法界輪轉五道，名為衆生。」智儼就其意引用為：「法身流轉五道（就）名為衆生。」意在類比說明，就流轉層面來看，本識即成妄心。

上兩例可知，其實智儼是從「真妄和合」的觀點來解釋「佛典中有妄心說」的原因，並依「攝本從末門」來安置妄心說。

三、「緣起一心門」中之「攝末從本門」

首先對照慧遠與智儼之文：

【慧遠】皆真心作。如夢中身，皆報心作。如波水作。從真義邊，說為佛性。與《勝鬘經》生死二法是如來藏，其義相似。

【智儼】唯真心作，如波水作，亦如夢事唯報心作，以真性故。

兩文對照，文與意都大同，唯《勝鬘經》一文，智儼放在稍後講。「攝末從本門」這是從真心來說，如以波比喻妄心，水比喻真心，波即水之喻，即說妄心即真心。又舉經論：

《（涅槃）經》云：「五陰、十二因緣、無明等法，悉是佛性」。

《華嚴經》云：「三界虛妄，唯一心作」。

《（十地經）論》釋云：「第一義諦故也」。

智儼舉經論「攝末從本」的說法，來證立其所安立的「攝末從本門」。他在此門舉六十《華嚴經》：「三界虛妄，但一心作。」此文原是智儼開立「真妄、妄、真」三門的依據，此處智儼是順世親的解經進路：「隨順觀世諦，即入第一義諦。」（《地論》），來說此「一心」指真心。

智儼又設問，「唯真心作」何以放在染門？

理在淨品緣生，今為對染顯染如幻，故在染門。……凡論淨品緣起，有其二種：一為對染以顯妄法故，《（十地）經》云：「不如實知諸諦第一義故也」。二但顯淨品緣起，即是顯理之門，即如〈普賢〉、〈性起品〉等是也。餘義準此可解。

智儼引的《地論》原文為：「是菩薩復作是念，不如實知諸諦第一義，故名為無明。」因為不知第一義諦，處於無明中，所以「唯真心作」放在染門，從染淨相對中，以豁顯染法是幻妄而非真。若是已透達無明虛妄，純說淨品緣起，則是顯示真理。智儼此說無異也表達出，真妄和合之說，從不同重點去強調，則適合接引不同情況的眾生。

又說：「此攝末從本，即是不空如來之藏，此中亦有空義，為自體空。」這是引《勝鬘經》說，如來藏具有空、不空的體性：「世尊！空如來藏，若離、若脫、若異一切煩惱藏。世尊！不空如來藏，過於恆沙不離、不脫、不異不思議佛法。」作為緣起的依止根本，這又與前引慧遠的結文一致。

四、「依持一心門」

「依持一心門」智儼講得很簡約：

六七等識依梨耶成，故《（十地經）論》云：「十二緣生，依梨耶識」，以梨耶識為通因故。問：「與上緣起一心云何取別？」答：「緣起一心，染淨即體，不分別異。此依持門，能所不同，故分二也。」

緣起門是從阿梨耶識（一心）真妄（染淨）和合一體上講；依持門是據阿梨耶識為前七識等諸識所依上講。

「依持」是論證阿賴耶識與如來藏存在常用到的觀念，前七識必須依止阿梨耶識，智儼在《孔目章．立唯識章》即運用「依持」概念，舉《雜集論》、《楞伽經》、《勝鬘經》論證阿賴耶識與如來藏的存在。此外，如慧遠在《起信論義疏》論「依持用」也說：

依持用者，此真心者能持妄染，若無此真，妄則不立。故《勝鬘》云：「若無藏識，不種眾苦，識七法不住，不得厭苦樂求涅槃。」

智儼在這裡引《勝鬘經》來說明，生滅之法必須依持不生不滅的如來藏才能成立。《起信論》則是以真心為「一心」，慧遠也以真心來說《起信論》的依持用，與智儼此處以真妄和合的梨耶識為依持心，並不相同。

貳、淨緣起

在淨緣起中，智儼運用「性（本有）／修」概念，分別從性、從修切入，形成「性、性修／修、修性」等四門，安立「本有」、「本有修生」、「修生」、「修生本有」的「淨緣起」四門。對照於慧遠的淨緣起說：

> 淨用亦有二種：一者、隨緣顯用。二者、隨緣作用。言顯用者，真識之體本為妄覆（本有），修行對治後息妄染（本有修生）。雖體本來淨隨緣得言始淨顯也。是故說為性淨法佛無作因果，是名顯用。……言作用者，本在凡時（修生）但是理體，無有真用，但本有義。後隨對治，始生真用（修生本有），是故說為方便報佛有作因果。

慧遠之文，從性（無作）的角度切入，可明本有、本有修生之義；從修（有作）的角度切入，可明修生、修生本有之義。智儼安立的「淨緣起」四門，就是由慧遠之文而來，只是在文字上差異較大。在慧遠《大乘義章．卷十八》，也有「本有修生」、「修生本有」的相似之說：

修生德中，有二種作：一者、緣修對治，熏發真心諸功德生（修生→本有），其猶臘印印泥文生。二者、體作，真隨行緣，集成諸德（本有→修生），如金隨緣作莊嚴具。緣作義邊，名方便淨；體作義邊，說為性淨。

智儼的淨緣起（菩提淨分）就是承繼《起信論》、慧遠的進路，扣緊性修的角度，並非泛論客觀性的緣起，顯然意在指示轉染成淨之道。智儼的淨緣起四門，內容如下：

一、本有

「言本有者，緣起本實，體離謂情。法界顯然，三世不動故。」「本有」指緣起的本體、實性，若不見本性即為凡情。本有於一切法中顯現，超越時間的變動性。智儼舉經論證明——

舉〈性起品〉的譬喻：「眾生心中有微塵經卷，有菩提大樹，眾聖共證，人證前後不同，其樹不分別異。」此段經文含蓄地表達出如來藏真常心的思想，指出眾生本有如來智慧。

引《地論》：「此緣生文，十二因緣，即第一義」，這是證明十二因緣等雜染法，是依第一義、真常心。

二、本有修生

智儼此門是從本有的角度來說修行。他解釋，清淨修行人的品類在本性上是並沒有差別的；至於為什麼會有各種不同的修行因緣發生，這是就虛妄的諸緣上來講。若說修行所發的真智（無分別智），則是順合本有性理（無分別性），因而真智實是從真性而起；所以，修行雖為新生，卻不能說是新得。智儼這是從本有真常心的立場來闡釋。

智儼又舉〈性起品〉中如來性起的因緣無量中之「發無量菩提之心不捨一切眾生」來說，他引這段經文之意而言「名菩提心為性起故」，並說：如新生的穀（修生），仍說為穀（本有），並沒有不同於劫初的穀，因為順乎本來的穀性。這段說明頗為類似慧遠《起信論義疏》中淨緣起之文：

【智儼】本有修生者，然諸淨品本無異性。今約諸緣發生新善，據彼諸緣乃是妄法，所發真智乃合普賢，性體本無分別，修智亦無分別。故智順理，不順諸緣；故知修生即從本有，同性而發。……

問：「本有修生既是新發義，非是舊，云何乃說從其本性？」

答：「此品為是新生之義說是修生，與本義親，故從性起。如今穀不別劫初，順本穀親，對今緣疎故，不說新得。」

【慧遠】問曰：「若修行始淨者（修生新發），何故得言無作因果（從其本性）？」

答：「雖顯由修（修生），體非今生，故曰無作（性起）。」

問曰：「若非今生（今穀），何故名果？」

「隨緣故名為果也。若據體言（本穀），非因非果湛然一味。（本無異性）而就妄論真（據彼諸緣乃是妄法，所發真智），在因名因，在果名果，故名因果。」

智儼和慧遠之兩文對照，意義大同，只是慧遠的「無作因果」，智儼用「本有（因）修生（果）」取代。

三、修生

智儼解釋，「修生」是強調修行的新生性；就如信等善根，原先並未現前，後來藉由清淨教法的因緣才產生。智儼引《地論》言：「彼無『無分別智』」，意指尚未相應於「無分別智」的階段，不見本真。

四、修生本有

智儼認為，眾生雖然本有如來藏，但是凡夫因煩惱覆蓋，因而如來藏隱而不顯、迷而不覺，如《無相論》云「若有應見」、《攝論》云「有得不得，見不見」，因為「不見」，所以此時「不名為有」、「無有力，同彼無法」。若得無分別智，才能顯見清淨的法身，所以不可說是「本有」，要說為「修淨」，是藉修行而清淨。智儼又強調此處「顯」的意義在於修行後才顯出本有，所以就此修得而言，法身與新生（修行）義親近，與本有義疏遠。

智儼又說，《華嚴經》第六地的十番十二因緣，唯修生、修生本有；而本有、本有修生，在〈性起品〉。由此可知，智儼認為〈性起品〉是從本有的角度切入，是顯純淨，唯真心作；〈十地品〉則是從修生的角度切入，是對妄顯真。若從智儼對《華嚴經》各品的判教來看，〈性起品〉是一乘別教，〈十地品〉則是一乘圓教順三乘教，這也正符合純淨唯真與對妄顯真的區別。

智儼在《十玄門》中，論及諸法本有、始有的概念，認為這是就「智辨」來說：

（一）首先他舉《華嚴經》云：「智慧（虛妄分別）差別故」，又云：「智者（了然）無所畏」，差別並非是就緣起的體性上來分辨，因為「體即息諸論道，同於究竟圓果，離說相故」；也就是說，法的當體實性是超越言說的，唯證相應。

（二）另外他舉「室中空」為例，言：開門見空，此空即是「本有」，智儼引《涅槃經》言：「見佛性已，即非三世攝。」佛性是超越時間區隔的，所以非始有，而是「本有」；若見時言有、不見不言有，則也可說為「始有」。而吉藏在《涅槃經遊意》中也引《涅槃經》這段話，說：「（雖然）『佛性非三世攝』，但眾生未聚莊嚴清淨之身，故說佛性在於未來。此則證始有之文。」

智儼的本有、修生與「室中空」之例，顯然表現出調和佛性的本有與始有（修生）之說的意義。智儼此說還涉及佛教言說的特性：法性（諸法的真性）本身絕待不可思議、不可說，超越一切理解、概念，甚至包括「法性」、「有無」的概念；說明法性為本有、始有，是從現象中依因果關係推說法性，並非法性本身的如實性（不可思議）——既是推說，則有正誤之別，有多種角度。而依因果體用的概念，則必須推說法性是本體，是諸法的依止，所以法性必須已在，不能是始有；但若就主體初見法性，則可說為始有。

更進一步來說，理解言說是從現象的相對關係上建立，這是從假名上立說，並非實名，有關「絕對性的概念」是就主體的分辨上來說（智辨），並非實就客體本身來說。依此，智儼《孔目章．卷二》也批判唯識宗以性種性、習種性搭配本有、修生，智儼指出，種性是順因緣而說的，非自性存在的：

> 亦有解者：性種性者，是本有性；習種性者，是修生性。此非佛法所樂。何以故？夫論種性者，順因緣門說。豈容不對因緣而說種性？故今性種性，不得為本有。又習種性，不得修生。何以故？若法性外有修生者，緣起可增，是故不得說修生。

「豈容不對因緣而說種性」，亦指涉對唯識宗「五種性」思想的不滿，唯識宗主張眾生分為：菩薩、緣覺、聲聞、不定、無性等五類種性，但豈能有固定僵化不變的種性而限定有些眾生決定就是小乘，或者絕對無法信佛、成佛？

智儼的淨緣起，依「性（本有）／修」概念，分別從性、從修切入，就形成「性、性修／修、修性」等四義，各義分別強調出不同的重點。智儼並徵引經論中的不同狀況，他用「性／修」的理論架構，顯然是為了詮釋、安排經論，並統合南北朝以來爭論數百年的佛性「本有、或始有」之辨，如地論派佛性的南道「現有」（本有）與北道「當有」（始有）之說。

總之，智儼的法界緣起說的理論層序，可簡示如下：

依《起信論》的一心（真心）、如來藏緣起

↓透過慧遠的釋義

↓詮釋《華嚴經》的一心（真妄和合）、染淨法界緣起

↓一乘別教兼三乘：淨法界緣起（分性修二門切入）

↓一乘別教：性起（本性門切入，唯真心作）

智儼與慧遠的法界緣起之義雖然大不相同，但智儼的法界緣起的內容卻多有參考慧遠之處。如——

（一）法界緣起的染淨架構，與慧遠《起信論義疏》、《大乘義章》中的一心架構，極為雷同。

（二）智儼解釋「三界虛妄，但一心作」之文，顯然是修改了慧遠《起信論義記》的文句。

（三）智儼的本有修生、修生本有之說，在慧遠的《大乘義章》中也有相似之說。

以上，智儼從「如來藏緣起」朝向「法界緣起」發展，有二關鍵——

（一）智儼實以《起信論》的如來藏緣起為義理支點，透過慧遠的釋義，再配合《華嚴經》中的種種緣起說，而提出其法界（染淨）緣起之說。

（二）智儼又從如來藏緣起上掘發《華嚴經》中純淨性起的法界緣起之說，他是以《起信論》的思想詮釋《華嚴經》第六地著名的「三界唯心」與「法界緣起」。《起信論》中並無「性起」之詞，不過有「性起」之義：

問曰：「若諸佛法身離於色相者，云何能現色相？」

答曰：「……以智性即色故，說名法身遍一切處。所現之色無有分齊，隨心能示十方世界；無量菩薩，無量報身，無量莊嚴各各差別，皆無分齊而不相妨。此非心識分別能知，以真如自在用義故。」

智儼是透過唯心論來闡釋法界緣起，所以《十玄門》中有「唯心迴轉」一門。

《十玄門》的第九門「唯心迴轉善成門」，同於慧遠《起信論義疏》的「一心」，即真心，分染、淨之用的進路。此門在論《華嚴經》中緣起的根本原理，並非貼釋《華嚴經》，於此便同於《起信論》的一心（真心）進路，可說是切中《華嚴經》義理的根本處——

（一）「前諸義教門等，竝是如來藏性清淨真心之所建立」、「心外無別境故言唯心」、「《楞伽經》云：『心外無境界，無塵、虛妄見』（意引）」，這是唯真心。

（二）「若善若惡隨心所轉」、「若順轉即名涅槃，故《（華嚴）經》云：『心造諸如來』；若逆轉即是生死，故云：『三界虛妄，唯一心作』」，這是染淨二用。

（三）「不得定說性是淨及與不淨」、「《涅槃》云：『佛性非淨亦非不淨』」，這是《起信論》中「心真如門」的「離言真如」。

綜上言之，地論學、攝論學的思想發展，最後的成熟階段都歸向於《起信論》。而南道地論派初祖慧光與隋代地論學集大成者淨影寺慧遠的著述，對智儼明顯產生諸多的影響與啟發，如：別教一乘無盡緣起、漸頓圓的三教判、法界緣起、《華嚴經》與《起信論》的互詮，智儼著作中的多處思路顯然也與慧光、慧遠高度相近。由此可見，智儼的思想深受地論學派的影響。

第四章　從三階教到智儼

心緣第三階佛法以去，更作餘心，即是顛倒常錯謬故。口唯得說如來藏佛法，更作餘語則是常行誹謗語。

南北朝時期，在僧伽腐化、儒道排斥、以及北魏太武帝（西元四二三至四五二年在位）與北周武帝（五六〇至五七八年在位）先後大舉滅佛等嚴重影響佛教存亡的問題發生之後，中國佛教普遍興起「末法來臨」的意識。

根據佛教經論，末法時代無證果者，鬥爭、破戒種種不如法的亂象普遍。而在時代動亂之下，主張末法時期唯有依適合末法根器的法門才能成就者，這種宗派較有排他性格，如三階教、淨土宗與日本的日蓮宗等。

三階教在隋唐時代盛行一時，同時也曾多次被禁。隋末、唐初，三階教於長安、洛陽等地極為興盛；且有「無盡藏院」，勸化民眾施捨錢財，救濟貧苦，利益民眾。

智儼少年時期天下大亂、民不聊生，三階教的救民義舉，應該是讓年少的智儼產生不少好感！再加上地緣關係，智儼一生大都在終南山、長安附近，而這幾處也正是三階教的興盛之地；而且，三階教創立者信行法師與其弟子多人都葬在終南山。

隋唐大多數的佛教學者，都視三階教為異端、邪教，但是智儼例外；他給予三階教一定的評價，容受其部分思想，並加以辯護，甚至其許多適應末法時代的教法，被智儼選擇性地收攝於華嚴五教判的終教、同教一乘之中。

三階教及其思想

三階教興起於第六世紀之末，由北齊僧人法藏信行創立。經過西元七、八世紀的發展，前後約三百年間，屢受朝廷的禁止和各宗派的攻擊；到了唐末以後，更被認為是異端邪說，因而日趨衰微，終於湮滅不傳。

三階創教者及其門人

法藏信行（五四〇至五九四年），河北魏郡（今河南安陽）人，俗姓王，幼年即以慈悲心聞名，十七歲出家，於相州（今河南安陽）法藏寺受戒，於光嚴寺刻苦修學；他對經典所說之法，有其獨到見解，以為佛教不應空講理論，須實行濟度。為便於實踐菩薩行，開皇三年（五八三年）信行捨棄比丘二百五十戒，居大僧下、在沙彌上，自稱「一乘菩薩」，倡導十六種無盡藏行，勸化信徒布施錢糧，由寺院庫藏統籌運用，供作修繕寺塔經藏或救濟、借貸貧苦百姓之用。

開皇九年（五八九年），信行被召入京，他帶領四位弟子在京五年，先後於化度寺、光明寺、慈門寺、慧日寺、弘善寺等五處建立三階道場，著書四十餘卷。短短五年之間，三階教快速崛起，法琳法師對三階教入京後的盛況記載道：

（高熲）延信行禪師別起禪院，五眾雲聚，三學星羅。道俗歸依，莫斯盛也。

（唐．釋法琳，《辨正論．卷四》）

開皇十四年（五九四年），信行圓寂，年五十四，「道俗號泣，聲動京邑。」信行至京師傳法不過五年，已使三階教聲名鵲起。

繼信行之後，統領三階教眾的是僧邕。《續高僧傳．卷十九》記載僧邕精通經論，嚴持戒法，曾隨信行入京；信行示寂之後，總領三階徒眾。僧邕曾獲得帝王禮遇，大臣垂青，貞觀五年僧邕去世，太宗「情深贈帛，為其追福。」（唐．釋道宣，《續高僧傳．卷十九》）在僧邕去世之前，是三階教最輝煌的時期，正是智儼中壯年時期。

〈信行禪師銘塔碑〉的撰者裴玄證，也是信行的弟子，信行的著述多由他筆記。此外，直接從信行受教的，還有西京慈門寺的本濟；信行死後，對於三階教法的推廣，本濟可說是厥功甚偉。

其他弟子尚有：光明寺的慧了、真寂寺的慧如、相州慈潤寺的靈琛，以及當時的宰相高熲等。這些徒眾都相隨信行二十多年，是三階教團的核心人物。

「三階」釋義

三階教是依「三階」的教判而立名，三階教判則是依照佛教正法、像法、末法的三時理論，分別出時、處、人、法四類，每類又各分為三階：

一、「時」的三階：以佛在世的「正法時期」為第一階，佛滅度後至一千五百年間的「像法時期」為第二階，佛滅度一千五百年後的「末法時期」為第三階。

信行認為他自創的第三階佛法，最適宜末法時期的眾生，為「普真普正出世義」（《三階佛法密記．卷上》），這也是三階教又稱為「普法教」、「普法宗」的由來。

二、「處」的三階：有淨土、穢土之分。淨土是第一階「一乘」所依之處；穢土是第二階「聲聞、緣覺、菩薩」和第三階「世間眾生」的所依之處，都是五濁惡世的火宅。

雖然第二階與第三階所依之「處」是相同的，但第二階的「三乘世界」是大、小乘混雜不定，只能獲得免墮地獄、惡鬼、畜生等「三惡道」的「須陀洹」初果；不像他的普法，是遇大乘法，得入大乘位，真正能普救眾生的教法。

三、「人」的三階，是依人的根機而區別：

第一階是最利根的一乘，包括「持戒、正見」與「破戒、不破見」兩種根機；第二階是利根正見成就的三乘，包括「戒、見俱不破」和「破戒、不破見」兩種根機；第三階則為「戒、見俱破」的世間顛倒眾生的根機。

第一階位是最利根的一乘「三賢十地」，就是菩薩以及未來的菩薩，具有「一、行深；二、解真；三、病輕。」（《三階佛法密記．卷上》）修行功夫深、有真實解悟、迷妄煩惱少之三大特點。

信行說的第一階「三賢十地」，並不是指佛在世到滅度五百年間正法時期（即三階教之「第一階」）的小乘聖者，而是指大乘佛教《華嚴經》中五十二階位的菩薩，這是信行藉大乘經典立教。

第三階的眾生，則是以「五不救眾生」與「邪見眾生」為代表；信行在《對根起行法》言「五不救」指：

一、佛不救；二、法不救；三、僧不救；四、眾生不救；五、斷惡修善不救。

「邪見」則是指：執著一切皆空的「空見」與執著一切皆有的「有見」。信行認為：「第三階位者，從邪見成就，定不可轉，五種不救已去是；亦名邪解，邪行成就已去是。」（《三階佛法密記．卷上》）「邪見眾生」是信行三階佛法普遍要救的、人數最多的對象。所以，信行專重第三階末法時代的救濟教法。

四、「法」的三階：第一階是佛國淨土的「一乘法」，第二階是在此世界佛說的「三乘法」，第三階是佛滅一千五百年後信行提出的「普法」。

三階教認為，佛滅千年以內，還有利根真善正見成就的聖人，可用第一、二階的「別佛、別法」；但此後即沒有聖人，只有邪解、邪行的破戒眾生，此時若據前二期的佛法來修行，實甚困難，故須依第三階的「普佛、普法」。在《三階佛法》中，闡明了普法和別法的利害得失，強調先行普法能頓滅無始以來、乃至未得法忍以前的一切邪惡，宣稱第三階時是「別法」不治之病，只有「普法」藥病相當。

三階教認為，隋代「時」當末法，「處」為穢土，「人」則戒、見俱破，正屬第三階機，對根起行之「法」，必依「普法」才能相應。隋代以前的佛教派別，都尊一經一法以立教，三階教認為這些都是「別法」，不能救拔末法時代的眾生，尤其是獨尊彌陀一佛、《法華》一經的宗派，和三階教幾乎沒有調和的餘地，也因此，三階教後來受淨土教徒的攻擊也最猛烈。

三階教教義——普法

三階教在隋末唐初之所以廣受歡迎，與其教義大有關係。唐臨《冥報記》說：「信行又據經律，錄出《三階佛法》四卷。其大旨勸人普敬認惡，本觀佛性，當病授藥。」三階教的主要典籍為《三階集錄》、《三階佛法》，都是信行博採眾說而成的類聚經，其主旨是「普敬認惡」，亦是智儼多有討論之處。

「普敬」是敬他，「認惡」是認識自身的過惡，唐臨又說：「所謂敬他身上八種佛法，自知己身有十二種顛倒。」所謂「敬他」的「八種佛法」，又稱「八法」，是三階教主要的教法，即「普法」的根本。學者楊曾文在〈三階教教義研究〉整理「普法」的內涵如下——

一、八種佛法的本體是「佛性」、「如來藏」：信行認為，一切眾生都具有達到解脫的「如來藏佛性體」；並認為，眾生必定成佛，都是未來佛。

二、「普真普正佛法」：信行在《對根起行法》談到，一切迷於現實的眾生，從其本有可以為佛的可能性，即如來藏或佛性來看，都是佛，因此一切眾生即為「如來藏佛」和「佛性佛」；當眾生的可能性開發實現時，便成為佛，故一切眾生都是「當來佛」（未來佛）；對一切眾生皆作佛想，故一切眾生都是「佛想佛」。「佛性」或「如來藏」都是眾生與生俱來的，是真實普遍的；因此，無論是邪是正，「邪人、正人皆得真正」，「一切惡四眾等，現在雖行邪善行，皆當作佛」，此乃「普真普正佛法」。「如來藏佛」、「佛性佛」、「當來佛」、「佛想佛」，即是所謂的「普法四佛」，四佛實際是一普佛，這就是普佛思想。

三、「無名無相佛法」，分為兩種：（一）一切眾生唯具如來藏識，無別名、無別相，是「無名無相」。（二）一切眾生具如來藏識，無真佛之名，故「無名」；無真佛之三十二相，故「無相」。

四、「一人一行佛法」：「一人」指自身為「空見、有見眾生」，名為惡人；「一行」指唯有敬作「佛性佛」、「如來藏佛」、「當來佛」、「佛想佛」，故名「一性」。

五、「無人無行佛法」：世間一切，均為如來藏性之顯現，此外別無其他，故曰「無人無行」。

六、「拔斷一切諸見根本佛法」：以「如來藏」為一切根本的三階教法，是斷除世間一切差別見解，分為兩種：（一）一切眾生唯敬作四種佛（「佛性佛」、「如來藏佛」、「當來佛」、「佛想佛」），不見六道善惡，故名「拔斷一切諸見根本」。（二）如來藏為聖性，眾生唯敬其體，不作他想，不見善惡正邪，故名「拔斷一切諸見根本」。

七、「斷除一切諸語言道佛法」：三階佛法唯敬奉如來藏體，不以概念、語言來論及善惡及六道眾生，為斷除一切諸言語的佛法。

八、「五種不干（亦作「不懺」）盡佛法」：「不干」，是指不互為侵擾，或不予理會、不相往來，分為兩種——

（一）日常生活中，盡力做到「五不干」：

來往。

1. 他不干：「不為自身，不共邪善道俗往來。」即不與三階教以外的僧俗來往。

2. 親疏不干：「不學當根佛法者，不共往來。」即不與三階教以外的信徒來往。

3. 道俗不干：「一切邪善道俗不與親友往來。」即不使非三階教之僧俗與自家親人來往。

4. 貴賤不干：「一切貴賤不共往來。」即貴賤之間不往來。

5. 凡聖不干：凡聖之間不往來，是因為：「一切聖內，多有邪魔；一切凡內，多有諸佛菩薩；凡夫生盲，不能別得，是故凡聖不干。」規定「唯除乞食難事，因緣蹔共往來者不在其限。」

（二）「自他俱是如來藏，唯作一觀，不作自他、親疏、道俗、貴賤、凡聖等解干心。」在心理上不去區分、不去執著這五種差別。

學者葉珠紅在〈三階教滅亡芻議〉指出，「五種不干盡佛法」是三階教法遭非議之處。信行規定三階教僧人不得與其他宗派的僧人往來，這種排他性與信行宣說一切眾生皆具有如來藏性的「當根佛法者」、逢人禮拜的「常不輕行」，不就相互牴觸了！

與八法相對應的，還有因眾生皆具有如來藏性而衍伸出來的「行普」七法：

一、普凡普聖：「莫問凡聖，俱作聖解。」

二、普善普惡：對他人「莫問善惡，普作善解。」對自己則是「莫問善惡，普作惡解。」

三、普邪普正：對他人之邪正，「俱作正解。」對自己之邪正，「俱作邪解。」

四、普大普小：對他人「俱作大乘菩薩解。」對自己「俱作小（小乘）解。」

五、普世間出世間：對他人「俱作出世間解。」對自己「俱作世間解。」

六、於他身「唯作普正欲，正多欲，無邪少欲，邪多欲。」亦即：視他人之欲，皆正無邪。

七、於他身「俱作普真空妙有，無邪空偽有。」無論八法還是七法，主要的觀念就是「普敬」，就是看別人無邪、無惡，一切皆善、一切皆正；看自己全然只有邪惡，沒有善正，即所謂的「認惡」。因此，信行要三階教徒效法《法華經．常不輕菩薩品》：「我不敢輕於汝等，汝等皆當作佛。」對一切已成、未成的諸佛，主張「普敬」，普敬眾生的如來藏體，「想一切眾生，皆作佛想」，所以路上遇人，不問貴賤男女，一概禮拜。

「認惡」的標準是「十二種顛倒」（《對根起行法．普法佛教王問答》），如：「一切邪魔作諸佛菩薩形像，顛倒眾生於內唯見其善，不知是邪魔；一切諸佛菩薩應作種種眾生，顛倒眾生唯見其惡，諸佛菩薩實非其惡。非惡見惡，故名顛倒。」這是善惡顛倒。又如：一切順我心者，只見其善，以無善為善，以小善為多善，以善攝惡，俱作善解；反之，違己心者，唯見其惡，以無惡為惡，以小惡為大惡，以惡攝善，皆作惡解。這是內外顛倒……等等。

總之，三階教的主要教義就是「普法」思想，而「普法」落實的具體作法就是「普敬」和「認惡」，普敬是以一切眾生為如來藏佛而加以尊敬，這是基於普佛普法思想因而主張普敬。但因末法眾生空有邪見，故一面教以普敬他人，「唯敬其體」；一面勸他自己認惡，認識違背如來藏理之處。

「普敬」和「認惡」其實就是一體的兩面，能認識己惡並普敬眾生，這就是三階教的「普法」思想。

三階教的社會活動——無盡藏行

三階教以苦行忍辱為宗旨，每天僅乞食一頓，食寺院的飯為不合法。竭力提倡布施，死後棄屍森林，供鳥獸食，稱為「以身布施」。〈信行遺文〉提及三階教最早的立教宗旨：「誓願頓捨身命財，直到成佛；修行上事，相續不斷。」此十九字是信行心目中的「無上法門」。

三階教誓願捨身命財的宗旨和普法的教義，進而有主張普施的「無盡藏行」。《像法決疑經》強調集體布施的功德：

若復有人，多饒財物，獨行布施，從生至老不如復有眾多人，不問貧富貴賤若道若俗，共相勸化，各出少財，聚集一處，隨宜布施貧窮、孤老、惡疾、重病困厄之人，其福甚大。

三階教依此主張，認為個人的一善一行必須融化於「無盡藏行」，才能獲得更大的福德（信行，《大乘法界無盡藏法釋》）。三階教依著這樣的理論，於其寺廟設立「無盡藏」院，作為實行普施的中心，將積聚的財物分為三份，一份給全國修理寺塔，一份施天下貧窮老病，一份自由支配。

隨著三階教勢力的擴大，因之而起的就是信徒大量的財物奉獻；三階教處理財物的無盡藏院，其財力之龐大，引起武后與玄宗多次下令檢校。從歷史上來看，信行圓寂之後，至唐朝開元年間（五九四至七二五年）前後百餘年，三階教曾遭到朝廷五次打壓：

一、隋朝開皇二十年（六〇〇年），首次對三階教發布禁令，禁斷傳行，但未能完全禁絕。

二、武周證聖元年（六九五年），認為三階教籍違背佛意，命盡數送禮部集中，作偽經符錄處理。

三、武周聖曆二年（六九九年）限制三階教徒，除乞食、長齋、持戒、坐禪以外，其他行為都視為違法。

四、唐玄宗開元九年（七二一年），敕令盡毀化度寺、福先寺的無盡藏院，分散其財物資源。

五、開元十三年（七二五年），命諸寺三階院除去隔障，使三階教僧與一般僧侶同居，不得別住；所有三階教籍，全部除毀（《開元釋教錄．卷十八》）。

帝王以國家政令限制宗教的同時，反而彰顯出三階教在當時是盛極一時，甚至已被多數僧人接受，進而奉行。三階教在行持和教義上，雖然多處和佛門宗派扞格不入，但政治上的打壓，應該才是三階教勢力中衰的主因。

智儼引用三階教論「如來藏」與「佛性」之體性義

智儼在《五十要問答・卷下》的「四十八、普敬認惡義・第九迴向初釋」這部分，是錄附三階教「普敬認惡」的思想；另《孔目章・三種佛性》則可視為是〈普敬認惡義〉的補充說明。

三階教的教義是以一般的如來藏說為核心，搭配其第三階的主張。而智儼論如來藏、佛性的「體性」意義，主要就是在《要問答・四十八、普敬認惡義，第九迴向初釋》此章說明，所以，三階教特別提揭如來藏、佛性的「體性」意義上，對智儼頗具影響力。

如來藏、佛性是大乘三系共有之說，但唯在真常心系是主要課題。智儼所說的如來藏、佛性，大都是在真心的意義下使用，如在《搜玄記．卷三》：

> 三、攝末從本者，十二因緣，唯真心作。如波水作，亦如夢事，唯報心作。以真性故，（涅槃）經云：「五陰十二因緣無明等法，悉是佛性。」……此攝末從本，即是不空如來之藏，此中亦有空義。

於此短文，智儼將真心、真性、佛性、如來藏都視為一體。從智儼在其《孔目章．普敬認惡義》中所闡發的「如來藏」和「佛性」之義，可以看出，智儼在這方面頗受三階教的啟迪，因而特別重視眾生內具的如來藏佛性之本體義。

如來藏

「如來藏」是指在一切眾生的煩惱身中，所隱藏的本來清淨的如來法身。而三階教闡釋如來藏說的本體意義，智儼引用並申論之，可分析為四點：

一、**凡聖的本體**：《孔目章．普敬認惡義》：「如來藏是一切諸佛、菩薩、聲聞、緣覺乃至六道眾生等體。」又說：「如來藏佛性體，唯是普法，唯是真法，於中無有邪魔得入其中，是故不問邪人正人，俱得真正。」如來藏是佛與眾生的本體。《孔目章．三種佛性》中說：

（佛性）其性平等（普法），猶如虛空，於諸凡聖無所限礙，名為佛性。既無限礙，何故偏云佛性？佛性者，據覺時語。所以知者，為隨其流處成種種味，法身流轉五道（阿修羅道不獨立算）名曰眾生。據此因緣，不名佛性。

此文說明佛性是凡聖的本體，與前文意同，特別點出「佛性」是依據「覺」時來立名，不過「佛性」其實也是迷時「眾生」的體性，而「如來藏」理當也是如此。

二、**生死的本體**：《孔目章．普敬認惡義》：「生死依如來藏，如來藏作生死，是名善說世間言說，故有生死，非如來藏體有生有死。」眾生的生死依如來藏，如波依於水。

三、**體真而相假**：《孔目章．普敬認惡義》：「如來藏佛性體，唯是普法，唯是真法」，有情唯有如來藏體是真法，所以智儼於《孔目章．普敬認惡義》又言：「未有真佛名」、「未有真佛三十二相」，一切的名與相都是假法。

四、**體相的五喻**：智儼在《孔目章．普敬認惡義》對於體和相的關係有五喻：

1. 「河雖差別，水體無異」。
2. 「伎兩雖別，身無別異」。
3. 「瓦雖差別，土體無異」。
4. 「喻如波依水，水即作波；風因緣故有波，非水體有波」。
5. 「金（作）莊嚴具」。

這五喻都表示本體同一而現象則有差別，其中後兩喻是較常見的譬喻，波水風之喻出自《起信論》：

如大海水，因風波動。水相、風相，不相捨離，而水非動性。若風止滅，動相則滅，濕性不壞故。如是眾生自性清淨心，因無明風動。心與無明，俱無形相，不相捨離，而心非動性。若無明滅，相續則滅，智性不壞故。不思議業相者，以依智淨，能作一切勝妙境界。

很明顯地，此段引文最後之「不思議業相者，以依智淨，能作一切勝妙境界」部分，即可用「金莊嚴具」喻來適切形容。水體（真心）本無波，由風（無明）才起浪；風停浪靜，就能顯現出水面平靜的照物功能，而這也正是真心的妙用。此喻特別點出眾生的無明風；「金莊嚴具」的美善，則多用來譬喻佛的妙用。

智儼在《孔目章．普敬認惡義》又引《如來藏經》中對如來藏的九喻，以下九項標題皆為節錄智儼的評語：

（一）**本性具德**：佛以天眼觀見未開敷的華，此喻眾生；內有「如來身結跏趺坐」，此喻如來藏。

（二）**去染成淨**：有人巧智，除蜂取蜜。

（三）**在染同愚**：米未離皮，此喻無明；貧愚輕賤，謂為可棄，喻不知本性具德；除蕩既精，此喻真心，常為御用。

（四）**在染難壞**：真金墮不淨處隱沒不現，經歷年載真金不壞。

（五）**在染闕緣**：貧家有珍寶，藏寶不能言我在於此；又無「語」（喻佛的教導）者，不能開發。

（六）**會緣成果**：菴羅果內種不壞，種之於地成大樹王。

（七）**除染生信**：真金像裹以弊物，人謂不淨；有天眼者知有真像，即為出之令他禮敬。

（八）**轉想成智**：譬如女人貧賤醜陋而懷貴子，經歷多時，人謂賤想。

（九）**反染歸真**：鑄師鑄真金像既鑄成已，外雖焦黑，內像不變；開模出像，金色晃曜。

眾生本來皆內具如來藏體，如真金的體性不變，只是表象染汙——「外裹弊物、模具焦黑」（《孔目章．普敬認惡義》）；而愚人不識，有待法緣開發，則能轉想成智，去除染汙，成就信心、清淨、真智、佛果。

佛性

佛性，又作如來性、覺性，即佛陀的本性，或指成佛的可能性、因性、種子，為如來藏的異名。智儼引用三階教佛性說當中的基本意義，這部分可分兩點說明：

一、**凡聖皆具的生長因性**：《孔目章．普敬認惡義》：「佛性者是一切凡聖因，一切凡聖皆從佛性而得生長。」喻如「乳是酪因，一切酪皆因於乳而得生長。」佛性為凡聖得以生長的因性，「生長」在此應指有情主體上的成就佛果、生長善法。另在《孔目章．三種佛性》中破題便說「佛性者，諸佛所師，所謂法也」，此即「一切凡聖皆從佛性而得生長」的引申，即是先從本體論上的深度層面指出佛性是凡聖因，進而朝向從高度的價值義上宣告出佛性是諸佛之師，要人師法佛性。

二、一切眾生皆是當來佛：《孔目章．普敬認惡義》：「當來佛者，一切惡四眾等現在雖行邪善行，皆當作佛。」又說：「佛想佛者，想一切眾生皆作佛想。」這是由眾生具有成佛的生長因性，推論到當來必有成佛之果。若依理分析：於內在，眾生皆有佛性（因）；於外在，有佛菩薩的普度眾生（緣）；所以，在此因緣的無窮相續中，因緣成熟只是遲早之事。

另外，智儼又提及佛性義略有十種，《孔目章．普敬認惡義》：「體性、因性、果性、業性、相應性、行性、時差別性、遍處性、不變性、無差別性」，此說原出自《究竟一乘寶性論》，也可能是轉引自慧遠的《大乘義章》：

如《寶性論》說性為十：一者體性、二者因性、三者果性、四者業性、五相應性、六行性、七時差別性、八返（應為「遍」）處性、九不變性、十無差別性。

智儼只有列舉，並未解釋；而《大乘義章》在列舉佛性十義後即作解釋，這十義是前述如來藏、佛性說的發揮。《寶性論》是印度如來藏說的集大成論典；相應地，智儼是以《寶性論》的佛性十義，作為佛性的「體性」義之總結。

以上智儼所談的「如來藏」和「佛性」之義，基本上就是中國佛性思想上常談的「一切眾生悉有佛性」、「皆當作佛」之觀念。不過，三階教為適合當時末法時代——「一、生盲生聾生瘂眾生（劣根的眾生）佛法；二者、死人（無根性的闡提）佛法」，以「如來藏佛性」的體性義為核心，從多方面發揮出「普敬、認惡」義，尤其是在實踐上以及批判佛典中「不了義」（三階教稱為顛倒、誤謬）的觀點上，特色顯著。而這樣的特色，必然影響了智儼在華嚴教義上，更為關注「眾生皆有佛性」的本體性意義。

智儼判教中對三階教的受容

智儼錄附三階教的「普敬、認惡」思想，並不是認同其第三階的說法。如智儼在《孔目章．卷二》言：

佛出世時及末代時，定其解行，善惡兩相，此亦不定；若說佛世善多，末代惡多，此亦可然。

雖然智儼有參酌三階教教理的部分，但並不同於三階教認定當時的眾生普遍都是闡提；智儼只是像一般佛教認為的「末代惡多」，如此而已。而智儼之所以錄附三階教文，只是看重其以如來藏之理而發揮出救度邪人、惡眾、闡提的道理。

以「終教」接引「闡提」邪人

三階教強調普法是為救闡提，「闡提」一般是指斷絕一切善根，無法成佛者。智儼引三階教的內容，文中有「一、生盲、生聾、生啞眾生佛法；二者、死人佛法。」木村清孝之《中國華嚴思想史》指出：「這很明顯地是沿襲，將一闡提比喻為『生盲』、『聾人』、『必死之人』的《涅槃經．菩薩品》（「北本」是〈如來性品〉）的教理而來的。」其主張，一闡提發心至難，有如天生的盲人，難以治癒；或者根本猶如死人，不能學佛。

不過，在《涅槃經》後分與終教的層次，則不如此看待闡提。如智儼在《要問答．卷上》之〈眾生作佛義〉與卷下之〈普敬認惡義〉處都說：

> 若依三乘終教，則一切有情眾生皆悉成佛，由他聖智顯本有佛性及行性故，除其草木等，如《涅槃經》說。

《大般涅槃經》後分極倡「闡提悉有佛性」之說。智儼又說：

> 大乘《涅槃經》四句佛性者……或有佛性，闡提人是，善根人無，謂約行辯（辨）性也；或有佛性，善根人有，闡提人無，謂約位辯（辨）性也（位性指已表現出了善根）；或有佛性，二人俱有，謂約因辨性也；或有佛性，二人俱無，約果辯（辨）性也。
>
> 問：「闡提之義斷現善根因，何有行善性？」

答：「此約位語。此世生善根可救者，有現行善性。他世生善根，現不可救者，有行因種子。」

其中的「行」字，有造作、變化、行為等意思；而「行辯性也」不能就行為說，應指變化性，也就是處於善根的潛能狀態，具有由潛能變化成現實善根的能力。智儼這段說明闡提的內容，在《大般涅槃經》的〈迦葉菩薩品〉、〈德王菩薩品〉當中，亦有類似的以定或不定論佛性、闡提的經文。

而從上述引用智儼之文中可看出，智儼肯認眾生皆具佛性（有因性佛性），實無不能學佛（行性、位性佛性）、不能成佛（果性佛性）的眾生；闡提其實只是「斷現善根」，現在暫時類似斷盡善根罷了。「斷現善根因」是就尚未表現出位性佛性而言；若就潛能行性與本體因性而言，即不能說「斷因」，因而仍可接引他學佛，仍有行性佛性。

所以，若能秉持如三階教肯認眾生皆具佛性、「普敬」眾生的態度，而非捨棄、輕視此類眾生，如此實能產生激勵、接引的效果。這也類似《寶性論・

為何義說品》所說，如來藏門能不「輕慢諸眾生」，能安慰、接引「有怯弱心」的眾生……等利益。

以「人天乘」及「同教一乘」接引邪人

智儼在判教中，特別注重安立人天乘，或許正是受到三階教「為救闡提，迴向一乘」的影響。《孔目章．卷二》說：

今上二義（普敬、認惡），為救闡提，迴向一乘，兼順三乘，於理有順，故錄附之。

「三階教」要接引邪人，把當時（末法時期）教內外都當成邪人，「邪正俱得真正」。而智儼著重於第三階的普法有「為救闡提，迴向一乘」的性質，以「終教」的如來藏理，提倡有情皆具佛性，特別暢明接引邪人，也「是同教一乘義也」；攝收闡提、邪人，因為闡提邪人畢竟也是要「迴向一乘」，而這也正呼應於智儼在判教中安立人天乘的精神。

《要問答・卷下・四十八、普敬認惡義》：

此中所明如來藏、佛性，雖約諸義，差別不同，皆是同教一乘義也。何以故？為成普法故，普法所成故。

三階教以人皆有如來藏、佛性的普法而主張普敬認惡，智儼將此觀念評為同教一乘義。《要問答》中，「同教」只出現過這一次，指向具有遍在性的本體，即三階教所言之「普法」，「同」指普遍於一切。智儼以終教的「佛性」為一乘的同教義，即佛乘的普法義。

智儼於華嚴教法中注重安立人天乘，在消極上不違背佛法，在積極上又可以人天乘為基礎，開展各類佛法。例如，《維摩經・方便品》的問疾開示中，智儼的闡釋認為這是以「大乘初教方便兼小乘教」接引人天乘；又如《華嚴經・十地品》中前三地，是以「圓教兼三乘漸教」的菩薩行接引人天乘；而現代太虛法師所提倡的「人生佛教」，也是就大心凡夫的程度，以「大乘漸教兼圓教」

接引人天乘。

由此可見，人天乘的教判安立，不啻是更貼近眾生，而且是通向佛法、一乘的最佳方便法。人天教這方便法既通向佛法、一乘，便具有了真實性，所以人天教也是一乘同教之法，智儼並舉《中邊分別論》（或為《地持經》之誤）、《華嚴經．十地品》作為人天教的典據。依智儼的理路而言，人天教也可說都是一乘圓教的「同教」，同是朝向成佛之道，最終都將導向一乘圓教的「別教」，達致殊勝別出的佛境界。

智儼所引三階教之文中，以惡眾、邪人、邪善、盲聾、死人等稱呼闡提。就三階教的本意而言，原是指當時大眾的普遍根機；但若就智儼而言，並未認為闡提是普遍的根機；智儼只是欲接引此類之人，並論及佛菩薩也會示現各種身分去說各類人天善法。

其實，三階教之說，在接引智儼所謂的「人天邪善根」上有其重大的意義。智儼所謂的「人天邪善根」，是指不能趣向佛教的善根，是被排除在菩提道之外、乃至指不能真正引人向上的假善；例如，持雞狗戒卻妄想升天。而在此則說要接引闡提邪人，這即對「人天邪善根」豁然開出一門接引向上之教，而可補救「人天邪善根」在佛教方便道之外、缺乏方便接引的遺憾。

所以，智儼受容三階教具有以「終教接引人天邪善教」之攝收邪惡者的重大意義，但這並不是藉由認同人天邪善教的邪惡虛偽之處來接引他們。智儼並非將「邪善」納入判教之中，仍是要界別、排除「人天邪善教」；只是，智儼在容受三階教中，以真性融通、攝收「邪人」，藉由認定他們心中也具有如來藏佛性，來安慰、激勵、接引他們，這是智儼懷抱著普度眾生之意。

以「一乘別教」《華嚴經》接引邪人

壹、於一切善根，不生輕心

《要問答·四十八、普敬認惡義，第九迴向初釋》所標示的題目來看，智儼對於三階教普敬、度化惡眾的思想，似是以《華嚴經》「第九迴向初」來闡釋。而在此章，智儼引三階教之文中，以《法華經》中的常不輕菩薩為例；在引三階教之文後，智儼闡明如來藏佛性時，又引《如來藏經》、世親《佛性論》、《仁王經》、《涅槃經》等經論。就智儼解釋《華嚴經》的立場而言，「第九迴向初」的經文應與普敬、度化惡眾有所關聯；但是，「第九迴向初」的經文實與度化惡人大不相同：

佛子！何等為菩薩摩訶薩第九無縛無著解脫心迴向？此菩薩摩訶薩於一切善根，不生輕心。不輕出生死心，不輕攝善根心，不輕專求一切善根心，不輕悔過心，不輕隨喜善根心，不輕禮他方佛心，不輕恭敬合掌業心，不輕禮拜塔廟尊重業心，不輕勸請他方諸佛轉法輪業心。菩薩摩訶薩常樂攝受彼諸善根，堅固不壞彼諸善根，安住彼善根……隨順彼諸佛境界善根，見彼善根得自在力。菩薩摩訶薩，以無縛無著解脫心，彼善根迴向具足普賢身口意業。

「第九迴向初」的經文是說，大菩薩對於種種不論大小的「一切善根，不生輕心」，大菩薩常樂修習這些善根。經文是強調大菩薩對自身善根求完滿的心，而智儼將之轉向對所謂斷盡善根的闡提眾生，指出闡提內具的如來藏佛性體，此為成佛的真正因性，乃至「於一切善根，不生輕心」。

可說，智儼是將善根從「菩薩自利」轉向「利他闡提」的詮釋，由別教《華嚴經》大菩薩的境界，轉向同教《法華經》中常不輕菩薩在眾生面前的卑下禮敬。此釋只能說是對經文之初「於一切善根，不生輕心」的借題發揮。

貳、「性起」攝受邪人、闡提

另在《華嚴經．如來性起品》的「日照喻」與見聞善根之說，卻表達出了攝受邪人、闡提的思想：

譬如日出，先照一切諸大山王，次照一切大山，次照金剛寶山，然後普照一切大地。……如來應供等正覺亦復如是，戒（應為「成」）就無量無邊法界智慧日輪，常放無量無礙智慧光明，先照菩薩摩訶薩等諸大山王，次照緣覺，次照聲聞，次照決定善根眾生，隨應受化，然後悉照一切眾生，乃至邪定為作未來饒益因緣。……一切邪見、犯戒、無智、邪命、生盲眾生，未曾睹佛智慧日光，何以故？無信心眼故。佛子！生盲眾生雖不見如來智慧日光，然此眾生亦為如來智慧日光之所饒益，除滅四大一切諸苦，身體安樂，斷一切煩惱毒痛根本。

此段經文乃是天台宗智顗在判教上多所引用的「日照喻」。

乃至不信邪見眾生見聞佛者，彼諸眾生於見聞中所種善根果報不虛，乃至究竟涅槃。

以上兩段經文都很清楚地表達出：攝收決定善根眾生、一切眾生乃至邪見、邪定、無信眾生的思想。

智儼對這兩段經文在論三階教時雖無引用，但在《搜玄記》解釋「性起」時論及：就體說，一切皆是性起，包含地獄眾；就順菩提的善根說，性起含攝人天善根。所以，〈性起品〉實可作為以「佛性」（性起）攝收「人天正善根」

乃至「惡眾生」的有力經證。

法藏修改三階教以符合一乘教

法藏繼智儼之後，在《五教章．卷一》，更直接修改信行的第三階普法，以符合於一乘教：

> 後代信行禪師，依此宗立二教，謂一乘、三乘。三乘者，則別解別行，及三乘差別，並先習小乘，後趣大乘是也。一乘者，謂普解普行，唯是一乘，亦華嚴法門，及直進等是也。

信行原是將佛教的流布分作一乘法、三乘法、普法的三階段，各階段的法義與根機截然分判，如說第三階時，人皆邪解邪行，若據前二期的佛法來修行，實甚困難，必須依第三階的「普法」，始易有成。但是，法藏卻將信行的第一階一乘法與第三階普法等同，完全無視於信行的三階之分。

由此更可看出，智儼、法藏對於三階教將其第三階段分割普法與一乘法之說，並不認同，反倒注重普法與一乘法的關聯；因而認為，一乘法是普解普行，就是華嚴法門，亦是直截頓進、適合末法時代的法門。

第五章　從玄奘唯識到智儼

依《成唯識論》，但於生死之中，辨因果相生道理，並是轉理門，無真實理。當知，離識以外，更無有法。識者即是不染而染門，如來藏之一義也。

印度瑜伽行派的唯識學傳入中國，以三大翻譯家——菩提流支、真諦、玄奘為中心，從而形成地論學派、攝論學派、唯識宗，前二者稱為「舊譯」，後者稱為「新譯」。從唯識思想來看，攝論學派祖述無著、世親之學，與專門傳習世親《地論》（北魏菩提流支、勒那摩提譯）的「地論學派」，一起被稱為中土的「唯識古學」；玄奘則是繼承陳那（Dinnāga）、護法（Dharmapāla）的思想，稱為「唯識今學」。唐代以後，中國佛教界歷來以新譯唯識批判舊譯，一直斥為增益、謬誤。

智儼與玄奘生卒年相近，兩人年輕時都同出於攝論學派法常、僧辯門下。在諸多的共同背景之下，玄奘從天竺回國所帶來的新唯識學說，對智儼的思想有著立即的衝擊和刺激；智儼不僅積極論辯，而且可說是當時的主要回應者之一。

攝論學派與玄奘

攝論學派的創立與傳播，為唐代唯識宗創造了很好的思想基礎。而且，玄奘早年的修學，即是以攝論學派為中心。

玄奘早年

隋文帝仁壽二年（西元六〇二年），玄奘和智儼同時出世。不過，歷來關於玄奘的出生時間有三說，分別是：西元五九六、六〇〇、六〇二年。印順法師認為玄奘是六〇二年生，此說則與智儼為同一年出生。

玄奘父親陳惠在隋初曾任江陵縣令，大業末年辭官隱居。他有三位兄長，二哥陳素早年於洛陽淨土寺出家，為長捷法師。

玄奘少時因家境困難，隨二哥長捷法師住淨土寺，十一歲（六一三年）就熟讀《妙法蓮華經》、《維摩詰經》。十三歲（六一五年）遇洛陽度僧，玄奘向派來考查的大理卿鄭善果表示自己出家的目的是「意欲遠紹如來，近光遺法」（《大唐大慈恩寺三藏法師傳》），因而被鄭善果破格選入。

玄奘在洛陽時，曾聽嚴法師講《攝論》。隋煬帝大業末年，兵亂饑荒；西元六一八年，隋朝滅亡。因為世局混亂，高僧多避居成都；玄奘原本提議長捷法師一同前往唐朝首都長安參學，後得知當時名僧多在蜀地，因而又建議同往成都。途中遇空、景二法師，向他們學習《毗曇》、《攝論》。據《續高僧傳．道基傳》的「附傳」記載，「景法師」是慧景，「空法師」則不知是何許人也。

玄奘入成都後，跟從道基、寶暹學習《攝論》、《毗曇》。道基十四歲依靖嵩學習《攝論》，慧景、寶暹可能是道基的同門或弟子輩。玄奘跟從道基等學習三、五載後，究通諸部，聲譽大著。

唐高祖武德五年（六二二年），玄奘在成都大慈寺受具足戒，學律五篇七聚。武德七年（六二四年），玄奘離開成都，沿江東下參學。在荊州天皇寺開講《攝論》、《毗曇》各三遍，淮海一帶名僧聞風來聽，六十高齡的大德智琰也對他執禮甚恭。之後，北上尋覓先德參學，到相州訪慧休，詢問疑惑滯礙之法，學《雜心》和《攝論》。慧休曾向靈裕學《華嚴》、《涅槃》，學明彥之《成實》，學志念之《婆沙論》，從曇遷、道尼學《攝論》，並撰章疏；此外，並於趙州向道深學《成實論》。

貞觀元年（六二七年），玄奘二十五歲，再度回到長安，向道岳（五六八至六三六年）學習《俱舍論》。而道岳師從志念、智通學習《成實》、《雜心》，後來從道尼受法，於廣州顯明寺獲得真諦《俱舍論疏》、《十八部論》，專門弘揚《俱舍論》。玄奘又在長安聽曇遷門人法常、靖嵩門下僧辯之《攝論》。智儼雖也受學於法常，並與僧辯有過論辯；不過，玄奘與智儼似乎未曾相遇，史料中並無記載；所以，他倆應是前後期受教於法常、僧辯。玄奘亦曾向玄會學習《涅槃》，僧辯、玄會是道岳的弟子，法常是曇遷的弟子，均屬於攝論師。

玄奘在國內受學的十三師中，有八位屬於攝論學派。他初從嚴法師學習《攝論》，後來發願西遊求法，主要亦是為求取《瑜伽師地論》（舊譯名為《十七地論》），可見其偏重瑜伽行派的學問，都是來自於攝論師的影響。在成都求學時，玄奘接觸到具有地論學派背景的《攝論》思想；後來，便逐漸脫離了地論南道系的攝論學派，求訪具有毗曇學派背景的攝論學派，直接向學於真諦門下所傳的《攝論》。

玄奘早年從道基學《攝論》，後來又從精通《毗曇》的慧休學習；二者是不同背景下的攝論師，對《攝論》的理解自然存在分歧。玄奘因而感到，多年來在各地所聞異說不一；特別是，當時流行的攝論師、地論師兩家有關法相之說多有乖違。玄奘因此渴望得到總賅三乘學說的《瑜伽師地論》以解疑惑，於是決心前往印度求法。

玄奘西行與回國

貞觀三年（六二九年），玄奘毅然由長安出發、「偷渡」出關。貞觀十七年（六四三年），玄奘載譽啟程歸國，帶回六百五十七部佛經。玄奘回國後，攝論師便參與玄奘的譯場，而且繼續傳播舊譯的學說。例如，道因校定梵本、擔任「證義」；靈潤亦曾「證義」，並且與神泰展開新、舊唯識的論爭。

玄奘重新譯出的《攝論》，當時尚未區分出真諦譯與玄奘譯的區別，如《續高僧傳．法護傳》說：「自此校角《攝論》，去取兩端。或者多以新本確削，未足依任，而護獨得於心；及唐論新出，奄然符會。」可見，法護認為，舊譯與新譯的《攝論》是相應的。

攝論學派原以世親之學為主，其學廣涉法相唯識，在印度已蔚成大宗；而中土的攝論學派，對於玄奘創立的新唯識宗，也提供了思想上的根源與基礎。所以，在玄奘重新譯出的《攝論》之時，攝論學派仍是唯識學的主流思想。但是，隨著玄奘師徒對攝論學派的批判，逐漸出現了比較新、舊譯《攝論》的不同。

玄奘晚年，將世親所作的《唯識三十頌》，以護法（六世紀）的思想為主，雜糅其他九師的理論，糅譯出《成唯識論》。於是，《攝論》不再獨尊，只是唯識學中的諸論之一，攝論學派舊義逐漸失去其重要意義；而唯識學者的興趣也逐漸轉向《成唯識論》，玄奘的新唯識論大弘其學，攝論學派也因此而漸為絕傳。

玄奘之後，舊譯的《攝論》思想成為潛流性的存在與流傳。近代學者呂澂以為，玄奘新譯的《攝論》、《攝論釋》等論：「不論文字上還是義理上都比以前完備，《攝論》各家師說便為玄奘一系所淘汰。」（《中國佛學源流略講》）

不過，事實上不盡如此。例如，智儼便傳承、融攝了《攝論》之說，並且大加批判玄奘的新唯識學。華嚴宗的批判，或許才是新唯識學在當時風靡幾十年後就迅速沒落的重要原因。

智儼對玄奘新唯識學的回應

唯識學派在印度為「瑜伽行學派」，依《解深密經》為根本經典而有三時教判；由於印度佛學界不甚重視真常心教，所以在瑜伽派的三時判中，也忽略真常教的存在。

玄奘從印度歸來後，忠實弘揚印度傳統的唯識學，並以護法的學說為中心。玄奘的唯識宗在當時的中國為新唯識學，是妄心系統；「妄心」教義在地論、攝論兩派中，是結合在「真常心」的架構下講解的，並無獨立的地位。玄奘的新唯識學流行風靡之後，妄心系的唯識教在中國才有了獨立、顯著的地位，中國佛教界自然不得不正視與回應，而智儼、法藏便是主要的回應者。

玄奘的新譯與智儼思想的互動關係

關於玄奘的新譯與智儼思想的互動關係，可分三方面說明——

一、從外緣刺激上看，促使智儼的學說成熟創新

智儼約五十七歲（六五八年）到長安雲華寺；可能正是此時，他對當時長安的玄奘新說非常注意。智儼積極學習玄奘的新譯經論，也採用玄奘的譯語。例如，梁本《論》云「於阿賴耶識中亦有自我愛」（《孔目章．一》），其中的「阿賴耶識」一詞，就是用了玄奘的譯語，真諦譯的梁本《攝論》之原文則是「阿梨耶識」。又如，「若論其體，表無表性，或言作無作」（《孔目章．一》）、「六因者：一能作因，亦云所作因」（《孔目章．一》），智儼先引玄奘的譯語，再對應舊本的譯語。

智儼對於玄奘新譯中關於唯識學的主要典籍大概都讀破了，在《要問答》、《孔目章》中多有引用及檢討。例如：智儼引用玄奘譯的《佛地經》、《瑜伽論》、《顯揚論》、《雜集論》、《無性攝論》、《百法明門論》、《成唯識論》、《廣百論釋》、《因明正理門論》、《因明入正理論》等論著，其中引用《雜集論》高達二十三次以上。此外，智儼也引用玄奘說的西域相傳之事，並對無性的《攝論釋》（六四九年譯）作了《無性釋論疏》四卷。

在受到玄奘新學的影響和刺激之下，可以看到，智儼自從在《要問答》（五十八歲）中回應了玄奘新譯的唯識之後的幾年之間，到撰寫《孔目章》（六十二歲）之時，便新建構出他最終成熟的五教判體系。顯然，這是智儼在回應、論辯之下，同時促使了自己的思慮、學說的成熟與創新。

二、從理論體系上看，回應唯識學只屬基層結構

智儼在《要問答》中，多處以舊唯識學的《攝論》義判攝玄奘新說，而將

三乘分為始教與終教搭配新舊唯識學，僅判新唯識學為大乘始教，且是接引小乘的迴心教。

智儼回應玄奘新學的部分，主要就是表現在大乘始教和終教的判分上，但這並非智儼學說中的高明之處，只是其學說的基層結構。智儼學說中的上層結構是頓教、圓教、同別教，《華嚴經》、《法華經》、《維摩經》等，這與玄奘的唯識學較不相應，卻與天台宗、禪宗思想相呼應。智儼晚年學說的成熟與創新，或許是智儼在長安又接觸到了天台與禪宗思想？或是對華嚴思想有所體悟？

不論如何，若就義理來看，智儼學說的大格局在於佛教中國化的高度發展，回應玄奘回歸印度的唯識學只是插曲。

三、華嚴宗判唯識宗僅為始教，促使唯識宗沒落

盛唐之初時，佛教興盛的教理型宗派（有別於禪、淨、密等以行持為特色

的宗派〉是以華嚴宗與唯識宗為主。呂澂在其《中國佛學思想概論》指出，當時中國佛學趣向統一、調和，而唯識宗的「主張極端，特別是種性決定、三乘是實之說，引起論敵的反響，更加深了一部分人對於舊說的固執。由此，他們原想融會印度晚出而精密的理論來組織一代的佛學，卻沒有能如願以償。」所謂的「論敵」中，華嚴宗當然是主要的論辯方了。

智儼之後的法藏時期，華嚴宗大盛，這對唯識宗的義理弘揚自然有所阻礙。新譯唯識學流行幾十年就衰竭了；若就義理的格局來看，除了印度學風的新唯識學本身與中國思想風格不相契合之外，符應時代的華嚴宗大興，並判唯識宗只是大乘的初始教說，對唯識宗的迅速沒落當然也有重大影響。

楊惠南在其著作《吉藏》中即認為，法藏判唯識宗為不了義：「這一判教，顯然蓋過了唯識法相宗的主張，以致剛剛成立的唯識法相宗，在唐之後迅速的沒落。」唐代唯識宗盛行只不過三、四十年，震盪一時便很快轉向沉寂。方立天在〈論隋唐時代佛教宗派的形成及其特點〉一文中認為，唯識宗早衰的根本原因是：

（一）這種煩瑣的經院派哲學，固執於印度的佛教教義，反對人人都能成佛。

（二）它弘傳的地區只是偏於河洛一隅，限於有較高文化水平的上層人士。

（三）武則天上臺後，轉而提倡華嚴宗。

（四）法門簡易的禪宗興起。

始、終二教的心識之判

智儼回應新唯識學，主要表現在大乘始、終二教的判分（《要問答》為代表）與綜合（《孔目章》）上，這也形成其思想的分期特色。

《孔目章．立唯識章》是智儼回應新唯識學的代表作：智儼引用玄奘譯的

《雜集論》中阿賴耶識存在的八相論證；又引《楞伽經》的十段經文力證如來藏存在，而以如來藏真心攝收妄心系的阿賴耶識。又論列舊唯識學《攝論》的八義十九相，以及略釋玄奘譯《顯揚論》的十九門，且略以《起信論》、《勝鬘經》融會。

智儼晚年依據新、舊譯充分建立阿賴耶識的各種面相，以此回應新唯識學，並顯示新、舊譯的唯識學本可綜合融通，除非如《成唯識論》只持妄心之說。

智儼對始、終教心識之判的重點，略釋如下——

一、引新唯識論典自說不了義

智儼舉出新唯識學論典自身的表白，來證明新唯識學本來就是權立的大乘初教。

（一）權辨賴耶，接引愚者：

《要問答．心意識義》中，智儼引無性的《攝論釋》云：「今立異熟賴耶，此亦無傷」。又引《瑜伽論》中「異熟受熏為愚者說，於內於外無有熏習，即不見藏住，能如是知者是名菩薩摩訶薩」，另在《孔目章．立唯識章》中，也大致相同地引此《瑜伽論》之文。智儼解釋，論意自說是為了接引小乘迴心聲聞（愚者），以漸向微細而廣辨的阿賴耶識思想。

（二）不見賴耶，如實善巧：〈立唯識章〉中，智儼又舉《瑜伽菩薩決擇》中云：「若諸菩薩，於內各別，如實不見阿陀那……齊此名為於心意識一切祕密善巧。」智儼解釋，「當知，阿賴耶識欲成就者，會須通如來藏，始可得成堅實依止。」其意是將「不見阿陀那（阿賴耶識）」作為「見於賴耶是如來藏」；所以說不見賴耶，這正同於《要問答．普敬認惡義》中引三階教所強調的「唯見如來藏體，不見其餘」之說。《瑜伽論》中的「不見」，原意應指超越知見，屬否定法，智儼進而從否定中又肯定，以如來藏來詮釋「否定賴耶」之義。

（三）轉識成智，方便別配：《要問答．轉四識成四智義》中，智儼據無性的《攝論釋》謂：「如數次第，或隨所應」，指出八識與四智的一一別配，是大乘始教為了接引小乘迴心的方便分解之說。智儼所立的終教與直進教，是直接從意識上成立轉識。

二、以真常心攝收生滅心

（一）唯識依止如來藏體：智儼於《孔目章．立唯識章》中，以如來藏為心識的究竟本體，舉《勝鬘經》並廣引《楞伽經》十段文，闡明如來藏體「不染而染」、「染而不染」、「生死即涅槃」的性質，以及生滅心須有不生不滅的本體為究竟依止，這是「假必依實」的理路。又評《成唯識論》的阿賴耶識「但於生死之中，辨因果相生道理」，是只具染門。

（二）斷惑相用不斷惑體：《要問答．心數及心所有法義》中說，終教及一乘的斷惑「斷而無相，及不可斷」，斷惑其實是回歸無相真心，惑的本真即是真常心，並不可斷。

三、其他

（一）心數多寡：智儼在《要問答．心數及心所有法義》中說，大乘始教立數十心數，終教與一乘別教不別立心數；因為，在不同的緣境之下，就會產生不同的差別心，心數實際上是無量的。另在《孔目章．立唯識章》中說，終教如《攝論》不立心數，因為「即有所妨，於道無益」；智儼之意應為，太過分析心的雜多現象，會迷於枝末，對於體悟實存大道之心體並無助益！

（二）斷惑過程：《要問答．心意識義》中，智儼依判教的觀點，判分諸教說末那識的惑執、伏斷、留惑，包含：三乘教、小乘愚法聲聞、退菩提心聲聞及迴心聲聞、初迴心菩薩、直進菩薩、一乘。《孔目章．立唯識章》中說，終教初見道位（初地），即滅末那識的迷惑，於後修道位，再滅習氣，如無性的《攝論》中說。又、根據《地論》，阿賴耶相滅盡在初地，此後即得依止真常身而修行；若據初教，因無真常身之說，所以要到十地終心，才能說捨阿賴耶識，成就智身。

（三）**種性**：智儼認為，唯識宗的種性決定說是始教的說法，因為未明眾生皆有佛性。唯識宗以「性種性」、「習種性」搭配本有、修生，「不明種性」是隨順因緣而說的；本有、修生乃是相待而立之名，並無自存的本有、修生。

依《顯揚聖教論》開十九門建立唯識

無著造、玄奘譯的《顯揚聖教論》，智儼將其中的一段文分作十九門，以建立阿賴耶識。智儼先引論後釋：

一、「謂先世所作增長業」。釋曰：「識與諸法為先義也。故《起信論》云：『一切時，常在前故』。」

二、「惑為緣」。釋曰：「識為諸法作增上緣故。」

此二門在《顯揚論》為一句話：「（阿賴耶識者）謂先世所作增長業煩惱為緣。」智儼拆成兩句解釋。其意為：阿賴耶識在諸法之先，以惑業緣起諸法；

並略引《起信論》的內容來融會。

三、「無始時來戲論熏習為因」。釋曰：「無始戲論，熏習種子，為識初起之因。」

這是承上繼續追究，阿賴耶識又如何開始？佛家常以「無始」表達「開始、最初」的狀態，但這開始並非指時間的開始，因為佛家不從時間上說開始，否則從無時間（靜）如何能生出時間（動）？因此，在阿賴耶識（或說迷惑）的因上，即說無始就有戲論（或說迷惑）熏習性的種子為因；阿賴耶識無始受熏，即是無始無明。

四、「所生一切種子」。釋曰：「此明一切法種為識所生也。」

五、「異熟識為體」。釋曰：「依諸種子及上心（纏縛）發識，現在為異熟，故用此異熟為體也。」

此二門在《顯揚論》為一句話：「所生一切種子異熟識為體」，智儼拆成兩句解釋。其意為：諸識所生的一切法種子，存在阿賴耶識中，阿賴耶識具有使種子異熟（變化成熟）的體性。

問：「前《（顯揚）論》云：『阿賴耶識者，謂先世所作增長業煩惱為緣，無始時戲論熏習為因，所生一切種子異熟識為體。』據此文相，本識即是（屬）生死體（性），若非（如此的）生死因，何於生死因果相乘處說？」

答：「此依《成唯識論》，但於生死之中，辨因果相生道理，並是轉理門，無真實理。當知，離識以外，更無有法，識者即是『不染而染門』，如來藏之一義也。」

前文《顯揚論》以生死雜染法來說阿賴耶識。智儼認為，若只是如此，就同於《成唯識論》，只說到第二義的轉理門；其實，要依如來藏才能證立唯識，而「離識以外，更無有法」，如來藏必須在識中，所以雜染的阿賴耶識其實是如來藏的「不染而染門」。這是智儼從如來藏識的進路詮釋《顯揚論》，並特別與《成唯識論》的理路劃開。其中的「不染而染，染而不染」之說，義出《勝鬘經》。

六、「此識能執受」。釋曰：「明彼本識與諸法一，諸法復與本識一，如醍醐同器也。」

阿賴耶識變現諸法，識能執受諸法，如同器執受醍醐；進而應說，諸法與識究竟同一。

七、「了別色根」。釋曰：「識持諸色根，令根明了也。」

八、「根所依處」。釋曰：「識為諸根所依，成依因也。」

九、「及戲論熏習」。釋曰：「明識與戲論熏習上心種子為所依處也。」

六、七、八、九門在《顯揚論》併為一句話：「此識能執受、了別色根、根所依處及戲論熏習。」七、八、九門都是第六門「識能執受」的派生義，識能執受而能成就色根（感官），識是諸根及惑種的所依處。

十、「於一切時，一類生滅不可了知」。釋曰：「明彼本識相續生起，離諸分別，不可分別知也。」

阿賴耶識的生滅相，要有聖者的「無分別智」才能了知。

十一、「又能執受、了別外器世界」。釋曰：「明彼本識與器世界同，世界與本識一，而得成就名了別也。」

「器世界」是指外在的物質世界；器世界是本識的變現與執受、了別的對象，世界與本識實為同一。

十二、「與不苦不樂受等相應」。釋曰：「明彼本識相，無分別故，順不苦不樂受，名相應也。」

阿賴耶識其實無感受性的分別，方便說其相應（順）於不苦不樂受。

十三、「一向無覆（執）、無記（善惡）」。釋曰：「明彼本識俗諦離諸分別故，不覆沒聖道，亦無事中善惡記。」

阿賴耶識是無覆、無記的離諸分別，這是說阿賴耶識為一不分別的中性功能，此不分別是就世俗講，並非就勝義的「無分別智」而說的。

十四、「與轉識等作所依因」。釋曰：「明彼本識與轉識等作因時，互為生因，亦為依因也。」

根本識為變現其他「轉識」之因，轉識又回過頭來影響、熏習本識，所以彼此互為生因、依因。

十五、「與染淨轉識受等俱轉」。釋曰：「明彼本識與染淨法同時同處相應共生共滅，種子及上心流在現前，名俱轉也。」

轉識的染淨，本識皆持其種子與轉識俱轉，是同時同處，且相應共生共滅。

十六、「能增長有染轉識等為業」。釋曰：「明彼本識心成染汙法，於中有能，故為業也。」

本識中的汙染種子，能增長「有染轉識」的業用。

十七、「及能損減清淨轉識等為業」。釋曰：「明彼本識於還淨，有能令生死還淨，是其業也。」

《顯揚論》應是說，本識中的汙染種子，能減損「清淨轉識」的業用。但智儼顯然依義解文，使原文成為「（淨種子）能損滅（染），（生）清淨轉識等為業」；不過，此義確實也是《顯揚論》中當述而未述的法義。進而，智儼之說也可通於《起信論》的「真如內熏」之說。

十八、「云何知有（此）識？如薄伽梵（佛）說：『無明所覆，愛結所繫，愚夫感得有識之身。』」釋曰：「《論》自釋言：『此言顯有異熟（阿賴耶）識』，即引識（感得有識之身）義也。」「又說：『如五種子』」，謂心、心所有、色、不相應、無為。「『此則名為有取（執持五種子）之識』」，釋曰：「《論》自釋言：『此言顯有一切種子（阿賴耶）識』，同前引證（佛說）之義也。」

引文中，畫單行線的是出自《顯揚論》，「佛說」處畫雙線，方括弧中的字是根據《顯揚論》補上。這段引文看似比較複雜，其實只是引佛說來證明有阿賴耶識，或稱「異熟識」、「引識」、「種子識」。

十九、《論》引偈云：『執持識深細，諸種如駛流；於愚我不顯，勿彼執為我。』釋曰：「此顯教與所為分齊，聲聞凡夫不為說也。」

智儼在《孔目章．立唯識章》中先引《攝論》說，唯識的教與意是為要令菩薩能得一切智。後於此處又說明，不為他人說的原因是：阿賴耶識非常深細，諸種子生滅如急流迅速，難以洞曉其生滅相，所以對小乘、凡夫等不說，避免其執著此潛意識為我。此段《顯揚論》的原文為：「阿陀那識甚深細，一切種子如暴流；我於凡愚不開演，恐彼分別執為我。」（亦見於《解深密經》）

總之，智儼論列舊唯識學的《攝論》之八義十九相（請參看第二章「從攝論學派到智儼」），以及略釋新譯唯識學的《顯揚論》的十九門，並略以《起信論》、《勝鬘經》融會，其旨意是在呈現出新、舊譯唯識學中建立阿賴耶識的學說，並顯示新、舊譯唯識學的綜合融通。而新、舊唯識學在智儼看來本無不妥之處，除非如《成唯識論》只持妄心說。

第六章　從簽中《華嚴》到立教開宗

異僧來，謂曰：「汝欲得解一乘義者，其十地中六相之義，慎勿輕也。可一兩月間，攝靜思之當自知耳。」言訖忽然不現，儼驚惕良久，因則陶研，不盈累朔，於焉大啟，遂立教分宗。

智儼與華嚴的關係，並不是一開始杜順攜入佛門之時就安排好的；事實上，杜順也從未指示智儼走向歸宗華嚴之路。宗密在《註華嚴法界觀門》中云：華嚴宗初祖為杜順、二祖智儼、三祖法藏，這是記載華嚴宗最早的祖統之說。也就是說，智儼之時尚未有華嚴宗的祖統之說；而智儼會成為華嚴宗的二祖，實為後人所追封的。智儼之所以研習、歸宗於華嚴，是有其特殊的因緣。

簽中及悟入《華嚴》

智儼二十歲受完具足戒後便到處參學，遍聽《四分律》、《八犍陀》、《毘曇》、《成實》、《十地》、《地持》、《涅槃》等各種經律論藏，益發稱歎佛教大海幽深奧祕。之後，又到濟法寺就教於名僧法琳（或靜琳）（五六五至六四〇年），徵問心之所在，探索隱微事理，頗有啟發。雲遊參學之後，智儼就返回終南山北麓的至相寺。

智儼廣學經論，各家之說皆精采紛呈，智儼始終無法決斷以何者作為自己的終極歸家。在無法決斷之際，智儼決定將命運交給佛菩薩；他在經藏之前恭敬禮拜，發誓祝禱，而後信手取之，結果抽中《華嚴經》第一卷。智儼自此，便決定歸宗於《華嚴經》。

智儼抽得《華嚴經》，恰恰與攜他入寺、提倡並躬身實踐《華嚴經》的杜順大師同一歸宗。或許是冥冥之中佛菩薩的安排，也或許是神僧杜順早已預知智儼會創建華嚴的高峰教義，所以翩然至智儼家中尋他「歸家」。當然，《華嚴經》本身所具有的特色和優勢，才是真正促成智儼創建華嚴圓教理論的資糧與關鍵。

智儼簽中華嚴之後，地論學派的智正亦在至相寺開演《華嚴經》；智儼聽研之間，對於舊有的說法常有自己的創新想法和疑情；經過一年，仍然有所疑義。於是遍覽藏經，搜尋各種疏釋，直到閱及地論派初祖慧光的《華嚴經疏》，才對《華嚴經》「別教一乘無盡緣起」的宗旨欣然賞會，粗知眉目，稍微開啟了華嚴教義新思想的方向。

唐貞觀二年（六二八年），智儼二十七歲。某日，偶遇一名異僧對他說：「汝若欲得華嚴一乘教義，於〈十地品〉中之六相義理，慎勿輕視！當用一、二個月，靜攝思之！」說完，異僧就倏忽不見。智儼驚愓良久，因而遂即淘研《華嚴經》，深入研究〈十地品〉初地中論述「六相」的要旨，未滿二個月便豁然大悟。

為了發揚華嚴思想，智儼發奮著書，在至相寺將他研究六十卷《華嚴經》多年的心得，終於撰寫出《華嚴經搜玄記》五卷。智儼完成《搜玄記》後，唯恐有一字一句貽誤後人，遂於七天七夜修法行道，祈請佛菩薩告知此疏是否正確；果然在七日之後，夢到神童，深蒙印可。

智儼的《搜玄記》，於中「立教分宗」，就著述、教義上來說，是華嚴宗的立教開宗之作。時年智儼僅二十七歲。

《大方廣佛華嚴經搜玄分齊通智方軌》五卷（簡稱《搜玄記》）

《搜玄記》是智儼在參究《華嚴經．十地品》的「六相之義」後，獲得大啟悟，於二十七歲就《華嚴經》撰寫的註疏，疏中常引用攝論學與地論學的觀點。

書名中的「搜玄分齊通智方軌」應指：搜索《華嚴經》教相玄文的區分界

別（分齊），作為觀行、通達佛智的方法和軌則（方軌）。「玄」是深奧之義，淵源於《老子・第一章》形容「道」是「玄之又玄」，以及承道家之學的魏晉「玄」學。「方」可釋為「圓通之致」，這是智儼在解釋《大「方」廣佛華嚴經》之「方」的疏解。

《搜玄記》分作五門，前四門略論聖德、判教、宗趣與經題，第五門隨文解釋，占絕大部分的篇幅；智儼判《華嚴經》為「一乘圓頓教亦兼大乘漸教」，宗旨通於「同別二教」，宗趣是「因果緣起理實」。智儼在《搜玄記》中「立教分宗」，奠定了華嚴宗的判教基礎與自家宗旨，突顯出了《華嚴經》的殊勝地位；又在釋文之前提出「十玄門」（原文「十門玄」），作為經文中一乘圓頓教義的判準。

清代華嚴大師續法以扼要的方式指出，《搜玄記》為「明六相，開十玄，立五教」。《搜玄記》中注疏《華嚴經》的部分確有略明六相「順理」，略開十玄綱目；但在立五教上，則無明文建立五教。不過，在「略開諸位為二十二門」中，此二十二門實已包含了五教的成分，只是尚未提煉出五教作為統攝二十二門的綱領。

《搜玄記》開創出華嚴宗義，可以見到華嚴宗基本教義的原型，被法藏視為「立教分宗」之作。《搜玄記》可說是「義豐文簡」，難以趣入，猶如璞玉、渾金，有待追琢、鎔裁，所以法藏又作《探玄記》來補充與發揮，使得《搜玄記》更形完備。

不過，《搜玄記》為開創之作，於擇法、聚義等方面，實際上比《探玄記》來得更加艱難，在思想史的承先啟後上尤為重要。

《華嚴一乘十玄門》一卷（簡稱《十玄門》）

在大藏經《十玄門》的題目之下，標有「釋智儼撰，承杜順和尚說」。不過，《十玄門》是否真為智儼所撰，未有定論。考察各家說法如下：

一、法藏《華嚴經傳記．卷三》說，杜順將智儼交與達法師教誨之後，並無過問。依此來看，「十玄門」可能是杜順透過達法師傳給智儼的。

另，續法《華嚴宗五祖略記》說：智儼在抽得《華嚴》第一卷後，遂往杜順和尚所，投為上足，師侍未久，盡得其旨；杜順以所集觀法，傳與智儼。這與法藏之說出入太大。續法是清代人，相隔久遠，應為訛誤；大概是為了要解釋杜順如何將「十玄門」、「法界觀」傳授給智儼，才如此說的。

二、澄觀在《華嚴經隨疏鈔．卷十》，提到杜順的法界三觀，他以十玄門替代「周遍含容觀」的內容，並說「且依古德顯十玄門，即依藏和尚也；至相已有而小有不同。」澄觀以十玄取代杜順的周遍十觀，並未提及十玄是杜順的思想，而是溯及十玄在智儼已有。由此可知，澄觀應不知「十玄門承杜順說」的說法。所以，這恐是後人承澄觀在《華嚴法界玄鏡》說十玄的根據出自周遍含容觀，才有「十玄門承杜順說」的說法吧！

三、崔致遠〈法藏和尚傳〉論及智儼《搜玄記》與法藏《探玄記》中「十玄門」的前後關係，卻未述及智儼有《十玄門》專著。

四、《十玄門》中有「七處九會」之說；但智儼依據的晉譯《華嚴經》是「七處八會」，唐譯本增加〈十定品〉、有「重會普光明殿」之文，才有「九會」之說，此或後人抄誤。

五、《十玄門》的思想不及法藏早期著作《五教章》細密，所以最遲也應在《五教章》之前完成。

或如後世學者之研究，《十玄門》應有杜順的傳承，其文可能源自智儼講課的內容，而由後人添筆而成。

不論《十玄門》是否為智儼所撰，但「十玄門」的基本名義確實最早見於智儼的《搜玄記》中，而且《十玄門》中未引用玄奘譯作；所以，《十玄門》可能是在《搜玄記》之後、《要問答》之前完成的。

《十玄門》闡明《華嚴經》的「一乘緣起」宗義，分三部分：首先略明「法界緣起」；其次「舉譬辨成於法」，以「數十法」為譬喻，順逆數一到十，說明萬法相即相入的圓理；最後，「辨法會通於理」，從不同角度觀照事理，廣開「相應、譬、緣、相、世、行、理、用、心、智」等「十玄門」，應用、會通於互攝的圓理。《搜玄記》中的「十玄門」只列十玄名目，並未闡釋意義；而《十玄門》中則多所闡發。

總之，「十玄門」以十門展示玄境，是華嚴教義的高峰。

皇儲講主

李唐統治天下之後，唐朝對宗教政策有重大改變。被奉為道教始祖的老子李耼，因姓「李」而被李氏唐皇高祖、太宗認為是其先祖，所以崇道抑佛，特別尊崇道教，有「道先佛後」的方針。

政治上的打壓，令少年時期曾目睹亂世的智儼，更加知所警惕，遂在撰寫《搜玄記》和《十玄門》之後的近三十年間，長期沉潛隱居在終南山草澤之間的至相寺中，修學行持。此外，就是到杜順的龕所化導民眾；乃至杜順圓寂之後，智儼仍持續不斷「至（杜順）龕所化導鄉川」。就此看來，杜順與智儼的師徒關係匪淺，故而承繼杜順志業，持續不懈！

智儼撰寫的《「無性釋攝論」疏》四卷，目前僅殘存少部分，日人栂尾順高的《起信論本疏聽集記》中有引用。此疏可能是智儼在這個時期所撰寫的；因為，玄奘譯出無性的《攝論疏》（六四九年），正值智儼四十八歲的時候。

唐高宗即位之後，對佛教極為重視；不僅在各州和京城大建佛寺，還讓許多王公大臣受了菩薩戒，並大力支持玄奘的譯經事業，與之前崇道抑佛、「道先佛後」的情勢大相逕庭。

唐高宗顯慶四年（六五九年），智儼五十八歲。在各方的延請、因緣成熟之際，智儼不再隱居，由至相寺移居至雲華寺，開始弘法講學事業。智儼出山之後，隨即名振教界，世人敬稱為「雲華尊者」。

雲華寺，位於終南山側的南五台中，山林奇幻，泉澗幽邃，為終南山之冠；

智儼在此闡揚《華嚴經》，並積極回應玄奘新傳譯的唯識學。此外，智儼製作了一鋪前所未見的巨幅「蓮華藏世界圖」，讓凡俗信眾得以藉由圖像認識《華嚴經》；又撰寫《華嚴五十要問答》、《孔目章》等重要著作，創立五教判，宏傳華嚴圓教，使得華嚴宗風大振、名遍寰宇，無論道俗、在家出家咸皆歸依敬禮，智儼亦化導不倦。

唐高宗龍朔元年（六六一年），智儼六十歲，聲望高隆；皇儲沛王親自禮請為講主，並命府司優渥資助，使智儼的弘法事業法輪無輟。《續高僧傳》中稱他：「神用清越，振績京皋」，可以想見智儼當時弘宣經教的盛況。據《酉陽雜俎》記載，智儼講經說法常現瑞相，例如：寶花從天而降，至地咫尺而消失。

三祖法藏也是感應瑞相而拜於智儼門下。法藏當時住在長安城的小巷子裡，一日忽見萬丈光芒，如白晝般照亮夜空，眾人皆見此景。法藏心想：「當有異人，弘揚大教。」因而循著光源，來到雲華寺，只見智儼正在講經說法，時年法藏不到二十。

《華嚴五十要問答》一卷，分卷上下（簡稱《（五十）要問答》）

《要問答》引用了玄奘揉譯的《成唯識論》，故可推算其撰寫的時間約為五十八歲之後。

《要問答》在闡明《華嚴經》要義，列出有關《華嚴經》的五十三個問題，是以設問而答的方式撰寫，大義是先釋果德（前十九），次明判教（二十至二十四、二十六、四十一、五十三），最後散論心識、修行、法義等。此書可能是智儼回答學生問題而編寫出來的！

《要問答》中顯示出智儼依據各種經論闡釋《華嚴經》，並使用判教安排這些經論的內容。《要問答》中每一問答幾乎都是使用源自於《攝論》的「小乘、三乘、一乘」的判教模式來解答問題；一方面對比各乘異說，另一方面又以一乘總攝各說，可說是藉由客觀周延的參照，以襯顯出一乘文義的高廣。智儼在書中，明顯針對玄奘新傳譯的唯識學區分出大乘始、終二教，而判唯識宗只是大乘初始的教義。

《佛說金剛般若波羅蜜經略疏》二卷（或記一卷）（簡稱《金剛經略疏》）

《金剛經略疏》為智儼六十二歲後作，因有引用《大般若經》而可推斷時間。此疏並非智儼的主要思想所在，內容多是隨文解釋，對於空義發揮不多，宗趣在解釋實相、觀照、文字等之「三種般若」。此疏在中國於唐末佚失，存於韓、日，清末楊仁山（近代中國佛教復興之父）於西元一九〇〇年由日本取回。

《華嚴經內章門等雜孔目章》四卷（簡稱《孔目章》）

《孔目章》為智儼思想圓熟的代表作，因引用玄奘譯的《大般若經》及其自著的《要問答》六次，故可推斷乃六十二歲之後所作。

書名中的「內章門等雜孔目」，應指：本書包含許多論述經內的章門，猶如雜多的孔目。日本華嚴宗僧凝然說：「雜」表示章門順經脈次第，並非如《成實論》等依法義、次第來分類。「孔目」應指網孔，在華嚴經系的《梵網經．卷二》，有知名的「梵網—網孔」之說，是以大梵天宮殿的羅網網孔作為譬喻：

無量世界猶如網孔，一一世界各各不同別異，無量佛教門亦復如是。

「網孔」也稱「網目」，凝然亦說「孔即目，故名為孔目」，在判教上多有以「網目」來形容教門的差別，正如《梵網經》所云「猶如網孔……無量佛教門」。智儼在《孔目章．卷四》就引用《梵網經》的這段文字，可見「孔目」二字，應該就是出自此經此處；網「孔」、網「目」結合成為「孔目」，可能就是本書「孔目」之名的由來，智儼或許還以此來暗示《孔目章》深具有判教的用意！

《孔目章》按《華嚴經》的經文脈絡舉出一百四十七個課題，雖然在本書卷四目錄後說「右義章總一百四十一門」，但並不包含最後終結說的六章；最終一章「《華嚴經》一部音義」無文，所以《孔目章》實際上總共是一百四十七章。而這一百四十七個課題，同於《要問答》，絕大部分的論題都使用判教來區分教義。

智儼的判教模式並不固定，其中有十餘處具有「五教判」的思想。不過，智儼的五教判，有「小、初（始）、熟（終）、頓、圓（一乘）」等名稱；直到法藏才固定為「小、始、終、頓、圓」，文字順暢簡潔，因而成為華嚴宗著名的五教判。不過，五教判的創始者，可以肯定是智儼無誤。

智儼建立五教判

智儼在《搜玄記．卷一》，對為何要判教與判教的特性有些看法：

第二明藏攝分齊者，斯（應表藏經所指，即實相）之玄寂，豈容言哉（不可說）？但以大悲垂訓，道無私隱，故致隨緣之說（隨緣說）。法門非一，教別塵沙，寧容限目？如約以辨，一化始終，教門有三：一曰漸教，二曰頓教，三曰圓教。

如窮之以實，趣齊莫二，等同一味，究竟無餘，何殊之有？但以對治功用不等，故隨根器，別其淺深，言分有三，其次第者就於一乘了義實說（了義說）。

這兩段話指點出「典型判教」的言說所指涉的三種基本意義：

一、**不可說**：佛法實相乃不可說。這一特性也引發了智儼的五教判中不可說的頓教。

二、**隨緣說**：佛教是基於大悲的隨諸根器的隨緣（亦是對治）說，而各種隨緣說都是為了趣向原本的一味實相。以此終極目的而言，諸教究竟平等，同於「一味」。

三、**了義說**：在隨緣說中又蘊涵「了、不了義」說。判教區分諸教，必有其判準，而了義的程度就是區分淺深的判準。如智儼的「小、初、熟、頓、圓」的五教判中，淺深依序有小大、初熟、漸頓、偏圓等判準，而其最了義判準是圓教。「了義說」當然也是一種「隨緣說」，不過「隨緣說」與「了義說」有其大異其趣的相對差別；「隨緣說」較強調差別同歸「一味」，「了義說」則強調差別的「淺深」。在判教上，「一味」指向共通的、內在的共同教，而「了義」則指向差別的、超越的不共別教。這豁顯出，「典型判教」是一種為了展現全體教說而層次分明（別）又內含會通性（同）的機體結構；在智儼的判教中極為重視同教與別教，正是循此判教的基本意義所發揮出來的。

從三教判到五教判

智儼為了弘揚《華嚴經》，運用了攝論、地論學派的判教，並積極回應唯識宗的判教。在智儼二十七歲寫的《搜玄記》、五十八歲以後寫的《要問答》

和六十二歲後作的《孔目章》等三部著作中，其判教明顯呈現出三個階段的發展軌跡：

一、「漸、頓、圓」之三教判。

二、「小乘、三乘、一乘」之三教判。

三、「小、初（始）、熟（終）、頓、圓」之五教判。

兩種的三教判和晚期的五教判，這三種判教，分別代表智儼判教思想的醞釀、發展和集大成等的三個階段——

壹、「漸頓圓」、「小三一」兩種三教判的混用開展期

智儼二十七歲所著的《搜玄記》，以慧光「漸、頓、圓」的三教判，並兼用《攝論釋》「小乘、大乘、一乘」的三教判，作為判攝佛教各經論的標準，比如：判攝《華嚴經》屬於一乘圓頓兼大乘漸教，在圓教上又兼具同、別二教，這應是智儼在回應智顗抑《華嚴經》揚《法華經》的判攝！

此外，智儼將《攝論釋》的「小乘、大乘、一乘」三教判中的「大乘」改為「三乘」，並於「三乘」中又開展出直進教、迴心教。《搜玄記》言：

聲聞、緣覺迴心入大乘，於初教處通因及果，復為二門。直進初心菩薩通因及果，復為一門。直進熟教及迴心熟教通因及果，復為二門（或言三門，迴心教又可分為二門）。

所謂「迴心」之意，是指小乘的聲聞等迴心轉向大乘，成為大乘菩薩；相對於此，直接學大乘法成菩薩者，則稱為「直進」菩薩。智儼將直進教、迴心教與同教、別教、共教、不共教之說，混合慧光的三教判和《攝論釋》的三教判，形成「二十二門」，這「二十二門」蘊含了「小、初、熟、頓、圓」的五教層級的雛型，但尚未能精簡洗鍊、圓熟地標定出五教的層級、名稱與體系。

此時可說是智儼運用兩種三教判的「混用期」，包含從分別使用、開展兩者，到兩者形成一初步混合的系統。

貳、「小乘、三乘、一乘」三教判的別出套用期

智儼五十八歲後作的《要問答》，未再提及專為烘托《華嚴經》為圓頓教所形成的「漸、頓、圓」三教判，而是一再套用、發揮能夠豁顯出判教層級的「小乘、三乘、一乘」三教判。這三教判的別出套用，能夠展現出作為最高圓頓教的《華嚴經》如何在教義的各方面涵蓋其他諸教層級。

智儼這時期的判教，特別注重區分當時玄奘從印度新傳來的唯識學與攝論宗舊傳的如來藏識之說，並略分群經部類。

智儼在《搜玄記》的「明藏攝分齊」中，為了闡明《華嚴經》是屬於何種層次的教理，而以「漸、頓、圓」的三教判為主，「小、三、一」的三教判為輔，判攝《華嚴經》屬於一乘圓頓大乘教；又在隨文釋義的啟始總論中，對「頓、漸、圓」三教有明文定義。之後再也沒有出現完整的「漸、頓、圓」三教判，只有偶而使用漸教、頓教或圓教等詞，而仍多次使用「小、三、一」的三教判。

「漸、頓、圓」架構的隱退，「小、三、一」架構的使用，這種情形在《要

問答》更為顯著，其中幾乎每一問答都運用了「小、三、一」的三教判，其原因可理解如下：

一、「漸、頓、圓」三教判中的「頓、圓」，皆指向《華嚴經》；可以說，「漸、頓、圓」即是為了判攝、顯揚《華嚴經》而量身訂作的判教架構。所以，在判攝《華嚴經》之後，此架構便形隱退。

二、「小、三、一」之判，通用於各種教說。《要問答》也說：

三者、依《攝論》，一乘、三乘、小乘，謂於教門中，成機欲性，顯法本末差別不同故。

四者、依《法華經》，三乘、一乘，約界（指三界內外）分體相，方便、究竟不同故。

《攝論》的「小、三、一」是成就各種本末根機，而《法華經》則是攝方便（末）歸於究竟（本），這三教判指涉會三歸一的同教《法華經》。

智儼在《孔目章》的首章〈初會十門料簡一經意〉中又提到這兩種三教判，

《孔目章》中並提出「小、初（始）、熟（終）、頓、圓（一乘）」的五教判，應該就是將兩種三教判融合的結果。

參、兩種三教判形成五教判的融合圓熟期

智儼在「別出」之後，六十二歲後作的《孔目章》又表現出重新審視兩種三教判的視野，此時他應該也參照了智顗的判教，而將兩種三教判融合，形成「小、初（始）、熟（終）、頓、圓（一乘）」的五教判。

智儼在《孔目章》有十三處運用類似的五教判，其中六處尚列出「人天教」。如〈盧舍那品一乘三乘義章〉的人天、聲聞緣覺、始終漸教、頓教、一乘等「五乘」，其中若分始、終為二教則有六教。而這十三處判教中明標為判教之處唯有〈天王讚佛說偈初首「顯教分齊」義〉一章，此章中的五教為小乘、初教、熟教、頓教、圓教，一般即是以這類的五教判作為智儼的代表性判教，而未將人天教列出。不過，人天教在智儼的判教中有其不應被忽略的重要性；

並且，智儼在判教的運用列舉上本非固定不變的，應機分門，運作靈活，多有列出人天教之處，所以智儼的判教應也可說為六教判（列出人天教）。

智儼的判教體系已臻圓熟，不過用法、名稱尚不固定，對於「標準化」尚差臨門一腳，這應是智儼「隨機說」的風格所造成的！

總之，智儼判教的「混用發展」、「別出套用」、「融合圓熟」三期，表現出由依循、雜多而抉擇、創新、體系化的發展軌跡。

另外，在《大正藏》中，題為杜順作的《華嚴五教止觀》，其中明載有小、始、終、頓、圓的五教名目與內容，現代學者認為該書並非杜順原作，畢竟這五教判是在智儼手上逐漸形成的，並且「該書與法藏的《華嚴遊心法界記》基本相同，而且書中出現杜順後武周時才改稱的佛授記寺名，又轉用了不少玄奘的譯語，似非杜順原作。」（方立天，《法藏》）又，該書的前敘為時空遠隔的日人眼空於元祿九年（一六九六年）所書，所以杜順作《華嚴五教止觀》應為後人誤傳。

五教判的發展歷程

智儼五教判的來源，歷來有數說：

一、依《華嚴經》：如智儼引經文而解釋，但經中並無五教明文。

二、依諸經：如智儼引《華嚴經》、《法華經》、《維摩經》等而解釋，同樣地，諸經中並無五教明文。

三、依天台：智儼的五教判應有參酌天台判教。

四、依攝論、地論學派的兩種三教判：這在智儼相關的著作中有明確的脈絡可循。

五、依杜順《五教止觀》：從智儼逐漸形成五教判的過程，足以否定《五教止觀》為杜順的原作。

前四種來源在智儼的著作中都有根據，五教判應是綜合《華嚴》、諸經、天台、與攝論、地論兩種三教判的創作。

以下先從智儼在《搜玄記》和《要問答》中已具五教判的層級雛型來作說明；之後，再從《孔目章》中已形成的五教判的架構與名義來闡釋——

壹、《搜玄記》和《要問答》五教判的層級雛型

《華嚴經．光明覺品》中言：「佛增光集眾」，智儼在《搜玄記．卷一》解釋為：「為表法有淺深，行有增微故也。」於是「略開諸位為二十二門」。又《要問答．卷上．二十二、立一乘位義》的「十七門」中，所開的諸位層級與《搜玄記》相似，都已涵蓋五教判的次序，雖然其中尚未直接使用五教的名稱，但實質上卻已精確劃分出五教判中的級序。以下將智儼原文附加標題，標題下先引「二十二門」文，次引「十七門」文，以豁顯出五教判的層序：

一、**六道**：「六道因果即為六門」、「世間六道即為六門」。

二、**小乘的聲聞、緣覺**：「聲聞、辟支二人因果，通說復為二門」、「聲聞、緣覺復為二門」。

三、**小乘的聲聞、緣覺所依的佛**：「聲聞、辟支所依之佛，為彼二機，說四諦教及十二因緣教，即分佛通因及果，復為二門」、「小乘中佛」。

四、**大乘初教迴心聲聞、迴心緣覺與其所依的佛**：「聲聞、緣覺迴心入大乘，於初教處通因及果，復為二門」。十七門增「初迴心小乘人佛」。

五、**大乘初教直進菩薩**：「直進初心菩薩通因及果，復為一門」。（十七門缺）

六、**大乘熟教的迴心與直進**：「直進熟教及迴心熟教通因及果，復為二門。」「一為迴心聲聞制乾慧等十地，復為一門。為直進菩薩從初十信修滿十地後得作佛，成初一念正覺，復為一門。」

迴心十地與直進十地的區分，根據在《搜玄記．卷三》透露出「依《大品經》、《（大智度）論》有三乘十地名：一、乾慧地……此十地是一乘所用，是三乘所入也。」在《大智度論．卷四十九》說：

地有二種，一者但菩薩，二者共地。共地者，所謂（大品經）乾慧地乃至佛地。

但菩薩地者，歡喜地……法雲地，此地相如《十地經》中廣說。

這是最先將菩薩十地分為共三乘（聲聞、緣覺、菩薩）的十地與不共二乘（聲聞、緣覺）的十地之區分。乾慧地等十地是《大品經．發趣品第二十》中所說的十地階位，這十地的階位顯然大多是共小乘（聲聞、緣覺等二乘）的，所以可以理解智儼為何說乾慧等十地是為了引導迴小向大的迴心聲聞（含緣覺）所制。直進菩薩的十地，則應指《十地經》的歡喜地等十地階位，這是就菩薩別開不共二乘。

七、頓教：「頓教因果，復為一門。」（十七門缺）在《搜玄記》中頓教有兩種意義，一是指《華嚴經》（一乘攝同、別二教），一是指「頓悟」一乘之教。此處的頓教尚不及一乘的位置，其應指「頓悟之教」。

八、一乘圓教之同教：「從愚法聲聞，總攝諸位，乾慧地已上菩薩及佛，復為一門。」（十七門缺）愚法聲聞指小乘未迴心的聲聞。「一乘同教」也就是要導歸諸位同於一乘別教，所以此門總攝諸位，包含小乘、共三乘與不共二乘的菩薩、佛位。

九、一乘圓教之別教：「普賢位中，從信已上，乃至十地，皆通因果、菩薩及佛，復為五門」、「十信以去至十地五位，位位作佛，即為五門」。這五門應指十信終心、十解、十行、十向、十地，這五位是圓教（圓融境界）的菩薩階位，所以位位相攝，位位作佛，位位通因果。但若如《孔目章．卷三》說：「約一乘義者，十信終心，乃至十解位、十行、十迴向、十地、佛地，一切皆成佛。」則多「佛地」一位，此處是將佛地通攝在前五位中。

「二十二門」是眾生存在狀態的高低位階，「十七門」則是「一乘位義」。所謂「一乘位義」，應是從一乘的果位上示現成為各類高低位階的眾生之意；此門是就眾生位後設的一乘位，自然也包含了眾生的高低位階。十七門實際上較二十二門缺少「初教直進」、「頓教」、「一乘同教」等三門，而智儼在列舉十七門後說「廣說如疏本（即指《搜玄記》的「二十二門」）」；其中，「十七門」缺「一乘同教」。然而，「前十六門」其實就是「一乘同教」的意義，亦即前十六門都是為了引導各類眾生歸向第十七門「一乘別教」所設立的。另缺「頓教」，則可能反應出智儼此時對於頓教的意義躊躇不決，所以未加提及。

由上，智儼對小、初、熟、頓、圓的五教層級實已綱舉目張，只差尚未畫龍點睛地標示出五教的名稱。

智儼立初教、熟教之分，是在未受到玄奘影響下所撰寫的《搜玄記》中就已初見端倪。不過，此時的「初教」應是指般若空義；因為，智儼著述《搜玄記》之時，玄奘尚在印度。

貳、《孔目章》中五教判的架構與名義

一、五教的架構與名稱

智儼在《孔目章》中，運用類似小、初（始）、熟（終）、頓、圓（一乘）的五教架構有十三處，五教名稱並不固定，依章中次序略述如下：

1.天王讚佛說偈初首顯教分齊義（以下簡稱〈顯教分齊章〉）：小、初、

熟、頓、圓（又分同、別）等五教。

2.〈盧舍那佛品〉中雲集文末普賢文中立〈一乘三乘義章〉（以下簡稱〈一乘三乘章〉）：列三種五乘，其中第一類五乘指人天乘、聲聞與緣覺、始終漸教、頓、一乘，另兩種為：「人、天、聲聞、緣覺、大乘」，以及「天、梵、聲聞、緣覺、如來」。以佛教解脫道而言（解脫輪迴，即除去人天乘），即是聲聞與緣覺（小）、始、終、頓、一乘（圓）五教。此章又將一乘分為「正乘」與「方便乘」；正乘如《華嚴經》說，方便乘是於眷屬經中隨宜說為一乘，智儼舉出十種方便說。總之，一乘正指如《華嚴經》的圓通無盡自在法門，若如《法華經》的界外大車、王髻明珠即是方便指出一乘。

3.隨附十八界章（以下簡稱〈十八界章〉）：小乘、初教、終教、頓教、一乘。

4.眾人問文殊處明入佛境界章（以下簡稱〈入佛境界章〉）：小乘、初教、終教、頓教、一乘。

5.〈淨行品〉初明凡聖行法分齊不同章（以下簡稱〈凡聖行法章〉）：人天、聲聞緣覺、初教、終教、頓教、圓教（一乘）。

6.十力章：小乘、初教、終教、頓教、一乘。

7.六波羅蜜章：小乘、初教、終教、頓教、一乘。

8.第五會依其五教名順善法數義（以下簡稱〈五教法數章〉）：人天乘、小乘（又分聲聞、緣覺）、大乘（又分初教初、初教終、終教、頓教）、圓教（亦稱一乘，又分略教、廣教、同教）。這五教即是前述的第一類五乘，其中又已標出小、初、終、頓、圓的名稱。

9.第八迴向真如章（以下簡稱〈真如章〉）：其中有分人天乘、愚法聲聞與緣覺、始、終、頓、一乘（又分別、同）。這也是運用前述的第一類五乘。

10.第六會初明〈十地品〉十地章（以下簡稱〈十地章〉）：分為人天乘、小乘（又分聲聞、緣覺等二乘）、漸悟乘（又分初迴心教、初直進教、大乘終教）、頓悟乘（又稱頓教）、一乘（又稱究竟乘）。

11.五怖畏章：小、初、終、頓、圓等五教。

12.滅盡定章：小乘、初教、熟教、頓教、圓教。

13.菩薩章：五乘：人天（內凡）、聲聞、三初教、熟教、頓教、一乘（又論別教）。大同「一乘三乘章」。

以上十三處中，五教的名稱與架構——

1.五教多也指五乘（六處含人天乘），但若以佛教解脫道而言，則指小、初（始）、熟（終）、頓、圓（一乘）五教。

2.十三處中，小教（九次）也有以（愚法）聲聞、緣覺（四次）表示。

3.十三處中，圓教（六次）也稱一乘（八次）。

4.始、初、終、熟等判教用詞較為特殊，於此從智儼的三部著作中擴大來看：

（1）《搜玄記》中，只在「略開諸位為二十二門」用過「初熟」，另也分別用過熟教、終教各一次。

（2）《要問答》中，「始終」用過七次，「初終」一次，另也分別用過初教一次，終教二次。幾乎固定用「始終」。

（3）在《孔目章》有關五教判的十六處中，初熟三次、始終一次、初終十二次。

綜而言之，「初熟」、「始終」、「初終」三詞為前後三書的基本對照組，「初終」是混用的結果。三書中，「初熟」共四次最少，「始終」八次，「初終」十三次。

「初熟」、「初終」、「始終」等詞在判教的義理內容上都相同，不過在字詞的意義上有所差異：

1.「初」、「熟」二字是佛學上有用來表示學佛程度的字眼，如《華嚴經》的「初發心住」、《涅槃經》的「因生酥得熟酥」等，靄亭在《華嚴一乘教義章集解》即說：「言熟教者，大乘之終，調練成熟，約人以立故。……言初教者，亦名生教，調練未久，機宜淺故。」

「初熟」雖最少用，但其運用的時機卻最重要。首先，在智儼早期的《搜玄記》中，「初熟」的判教標示出五教判的雛型，並作為三乘二分的開創性語詞（詳見前文《搜玄記》五教判的雛型）。後來又用在其最晚期的《孔目章》中，解釋《華嚴經》序分的〈天王讚佛說偈初首顯教分齊義〉中，這是智儼唯一在章題中明確標示出判教（顯教分齊）之處，而其內容完全都是嚴整的判教，且此章又是放在序分，顯然有「開宗明義」之意。

2.「始終」原本是中土的通用之詞，如《老子．六十四章》的「慎終如始」、《莊子．知北遊》的「無始無終」、《大學》的「事有終始」等。就佛學字詞與中土通用字詞的區別來看，可說智儼早期以佛學字詞為根據創造性地使用「初熟」二字，晚年《要問答》則改用「始終」二字，這是以中土通用且對稱的語詞，取代原來文字對稱性較低的「初熟」二字，如《涅槃經》中是「生熟」對稱的。

3.「初終」是混用初熟、始終的結果，《孔目章》論及有關五教判之處多用此詞。

以上，五教名稱並不固定，本文以智儼最正式的判教名稱為主來標示其五教判，即小、初（始）、熟（終）、頓、圓（一乘），後來法藏在《五教章》中採取了對稱性最高、最中國化，也是智儼常用的始終二字，形成小、始、終、頓、圓的固定名稱，不過《五教章》中也略有兼用初教、熟教之名。

二、判分五教的標準

（一）小（乘）教

言世間所知門者，復有二種：一、始，二、終。

言始門者，即人天正善根，即愚法聲聞、緣覺等，入真實性攝。……由是許菩提遠方便故。

言終門者《（攝）論釋》云：「謂一切法但有名，謂分別名、思惟名。」得知不同（於）遠方便法，此義唯局二種十名中，為是大乘近方便故。（真如章）。

智儼將「世間所知門」分為「人天正善」與「小乘」的始終二門。一般以小乘教為出世間；智儼將小乘教判為世間，應是就大乘終教立場來說。如法藏在《五教章・卷七》「二乘迴心」中引《楞伽經》、《涅槃經》等，說明小乘入涅槃者，最遲八萬劫後終究會起於滅定，再迴小向大。據此，小乘涅槃應在「非想非非想天」的滅盡定中，並非究竟已出三界，如此才能仍將小乘判屬於「世間」！

（二）初（始）教

若約初教即空攝，空者謂無分別空。（十八界章）

始教門者，復有二種：一、始，二、終。……上此初教始終，並通分別、無分別教義。無分別教義者，謂證真如；無分別教者，謂比觀意言無分別境。分別教義者，謂教義即空故。今初教門中真如，但是空義，不同終教。（真如章）

始教又分為始教始門與始教終門，又分通「無分別」與「分別」，「分別」不是指「分別遍計（實法）」的心態，「分別」與「無分別」是指「法相」與「法性」。無分別教義（義乃言教所指）是證真如（法性），若單論教（教乃能詮）則是比量說明此境，從法相分別說，其真如只是空義。

1. 始教始門——法相唯識

言始門者，如《百法明門論》六種無為，屬一切法攝，人、法二空，方入空攝得知。真如不及二空，二空為上。（真如章）

在《百法論》中，先論一切法，後論空，該論將六種無為法（含「真如無為」）攝收在一切法中，之後才說人法二空。智儼即從這先有後空的次序指出，該教中的真如（真理）尚不及二空，所以這是始入空門。

另又指出，法空唯名是從諸法依認識而有來說法空，尚不及唯識深入、透徹。

2. 始教終門——諸法即空

又第三、大乘教者，依《維摩經》，法無眾生，離眾生垢故。……準蘊一門，界入一切諸法並皆如此，其相即空。若無如實空，即一切法不成。何以故？由即空故。其義分齊當初教終。（五教法數章）

言終門者，如《維摩經．弟子品》內，為迦栴延說不生不滅是無常義等。又《金剛般若經》，微塵即非微塵等。又依《對法論》，開六無為（其中的「真如無為」又開成三種）成八無為，三種（指善、惡、無記）真如即屬無為攝得知，真如（應指善惡等有為即空）成無為。（真如章）

始教終門是直接表達出諸法「即空」，如無常、善、惡、無記等有為法上即有真如、無為法。

（三）終（熟）教

終教門者，復有二種：一、始，二、終。言始門者，即《維摩經》中〈不二法門品〉，三十二菩薩顯不二法門者是。言終門者，即〈不二法門品〉文殊所顯不二者是。其終始兩門，並具無分別教義空有二門。（真如章）

終教依表達方式分為始、終二門，如在《維摩經》中探討什麼是「不二法門」時，首先由三十二位菩薩以言說顯示真如，代表終始教；其後文殊以言說表示真如為不可說，代表終終教。這是由「化儀」（教化方式）上的顯詮不二法門與說出「不可說」的遮詮，判熟教為始、終二門，並非根據「化法」（教化內容）而有所不同。

此章並未說明終教真如的意指，只說終教具無分別教義空有二門。智儼又說明無分別教義空有二門的意義：

若約終教即真如攝，攝者謂無所攝。（十八界章）

又《維摩經》云……為一切法皆如也。故據此分齊，義當終教，所有陰、入、界等一切法數，依此而知，若無不空真如，即一切法不成，由無住本立一切法故。（五教法數章）

此當熟教位中，即性實成有之義，非是所謂有也。（顯教分齊章）

據引文，終教真如可以分析為三點：

1. **有門**：終教有門講性實成有、不空的真如，依此建立一切法。其實，此處所謂的「實性」也就是真常教通說的佛性、如來藏、真心，智儼在他處也有使用這些語詞。

2. **空門**：終教空門強調不空真如乃無住本，也就是無執住的根源，並非思想層次所能把捉到的「有」，真如須以無分別智來認識；當然，就此而言，也可說這是不可思議的「非空非有」。

3. **亦空亦有門**：真如本身具足空、有二門，空、有乃一體兩面，所以終教始、終二門皆具足空、有兩門。

前述智儼說始教通分別、無分別（法相、法性）教義，法相畢竟性空，而此處只說終教具無分別教義空、有二門，未說也通分別教義；應是由於終教的法相是依法性的有門建立，在攝相歸性之下，所以便用法性門含攝法相門。而在始教，諸法的來源並非法性，諸法的來源或說唯名、或說唯識；反觀終教中的一切法相，則究竟唯依法性而有，法性本身具足空、有二門，如此才能徹底達致會相歸性。

（四）頓教

《維摩經》中，文殊以言說表示真如不可說後，維摩則以默然無言表示真如不可說，智儼即多舉此代表頓教：

又《維摩經》經云：「時，維摩詰默然無言，文殊師利難（歎）曰：是真入不二法門。」義當頓教，默絕萬法，陰、界、入等染淨諸法並皆同此，若無維摩默然不二理，即一切法不成，所以知之故。《對法論》云：「不待名言及餘根境，是名實有。一切皆是實有，即顯待名言根境是假有也。」（五教法數章）

頓教門者，如《維摩經．不二法門品》，維摩直默以顯玄意者是，此如絕於教義，相想不及，廣如《大般若經．那伽室利分》說。（真如章）

若約頓教，即不可說。（十八界章）

若約頓教，一切不可說。（五怖畏章）

據引文，可分析為三點：

1. **真如本身不可說**：真如是超越思想、語言、形相、教義所能達到的範圍。

2. **一切法皆不可說**：一切法皆依真如而立，故都也不可說。

3. **頓教不以語言分別表達真如**：維摩詰以「默然無言」表示頓理，這比起文殊以語言說明不可說，更為貼切如實不可說的狀態，「默然無言」便躍升在終教之上，而成為頓教。所以，此處頓教的「頓」，應指直接貼切於如實不可說的狀態。

《孔目章》的頓教是扣著真如「不可說」而界定的；其實，這與《搜玄記》中「頓悟」的頓教之意相通，「頓悟」與「不可說」兩者是「一體兩面」的概念。「頓悟→真理超越思議→不可說」，也就是真理超越思議，故不可說，也只能以頓悟領會。不過，《搜玄記》的頓悟是指頓悟圓融無礙的一乘圓教，《孔目章》的頓教則是指頓悟一切不可說，兩者有別。

在不可說上，終教也「說」一切法不可說，如文殊；而智儼以維摩默然為例，也「說」頓教是一切法不可說。這兩種「說」不可說有何差別？智儼本身並無進一步的解釋；不過，可藉智儼所引用的《維摩經．入不二法門品第九》來說明：

樂實菩薩曰：「實、不實為二，實見者尚不見實，何況非實！所以者何？非肉眼所見，慧眼乃能見，而此慧眼無見無不見，是為入不二法門。」

如是諸菩薩各各說已，問文殊師利：「何等是菩薩入不二法門？」文殊師利曰：「如我意者，於一切法，無言無說，無示無識，離諸問答，是為入不二法門。」

於是文殊師利問維摩詰：「我等各自說已，仁者當說：何等是菩薩入不二法門？」時維摩詰默然無言。

文殊師利歎曰：「善哉！善哉！乃至無有文字語言，是真入不二法門。」

經中對於表達「不二法門」的方式有四重轉折：

1. 三十二位菩薩以語言分別表達真理，如引文中第三十二位樂實菩薩先分別「二」，後才導歸「不二」。

2.文殊針對前之語言分別，說出「真理不可說」。

3.維摩默然，這是不採取語言分別之途表達真理，可說是一種如禪宗般的「無分別性的語言」，不令人從語言分別上認識真理，而以默然等機鋒令人頓悟。

4.文殊稱歎默然「無有文字語言，是真入不二法門」，這又是以語言分別說明「非分別性的語言」。

其中，第一、二、四重都是「分別性的語言」，唯有第三重是「非分別性的語言」；而文殊所說的第二、四重，都是評論前說的「後設語言」，其存在必須與前說配套來看。所以，雖然兩說的實質內容都是說「一切法不可說」，但前者是針對從語言分別上表達真理而說，後者則是針對從非分別上表達真理而說；頓教「說」的不可說，較之終教「說」的不可說，在表達上更高一層。

（五）圓教（一乘）

若據一乘（別教），一則（藏經或作「即」）一切，一切則（即）一，乃至教義皆應因陀羅及微細等也。（入佛境界章）

又依無盡圓通門，即《華嚴經》「第八迴向」百句如相，義當略教。〈普賢〉、〈性起〉當是廣義，即無盡圓通究竟宗也。所有無盡法數及餘乘數，皆一乘所目，即是一乘，由同在海印定中成故，不在定說同教者，入一乘遠方便攝。（五教法數章）

別教門者，謂圓通理事統含無盡因陀羅及微細等，廣如下經「第八迴向」百句如中說。同教門者，即與三乘義同，但由智迴向故，入一乘攝。（真如章）

據引文，可分為四點論述：

1.同別教的一體兩面性：〈五教法數章〉中說同教為入一乘（別教）的遠方便，但〈真如章〉又說同教入一乘攝，這與前述智儼在〈五教法數章〉將「法空唯名宗」判為入大乘近方便，另在〈真如章〉又判為大乘初教，同出一轍。

智儼在〈五教法數章〉的「分」與〈真如章〉的「合」，指點出了「方便」（同教）與「目標」（別教）的一體兩面性。

2.圓教、一乘、同別教的關係：圓教即一乘，一乘、圓教直接指別教，間接也指同教。狹義指別教，廣義包含同別教。

3.同教：同教教義同於三乘，但若迴向於一乘別教，即為進入一乘別教的遠方便，成為一乘同教。

4.別教：別教即是說「一即一切，一切即一」的「無盡」（如十玄門）教義。又依《華嚴經》分略教及廣教，智儼在此並未進一步解釋略、廣之義。

參、〈顯教分齊章〉的五教判

智儼在《孔目章》有十三處運用類似的五教判，其中六處尚列出「人天教」。如〈盧舍那品一乘三乘義章〉的人天、聲聞緣覺、始終漸教、頓教、一乘等「五乘」，其中若分始、終為二教則有六教。而這十三處判教中，明標為判教之處唯有〈天王讚佛說偈初首「顯教分齊」義〉一章。〈顯教分齊章〉是智儼最正式的判教之處，其中解釋判教名義也最為形式化；文中以「有名」、「無名」、「教」、「義」、「詮」、「目」、「說」、「顯」等用語解釋諸教，頗具特色，卻也令人有形式化與文字迷宮之感，難以清晰明瞭其意指；唯有先明瞭五教教義後，才能再依義解文。底下隨文略釋——

依教有五位差別不同：

一、依小乘，有名之教詮有名之義，此在分別遍計位中。

「教」是能詮，「義」是所指。小乘教義主張諸法有實生實滅、乃至分知法空，實有生滅是相應於概念分別而遍計實有的範圍。

二、有名之教詮有名之義（此句針對迴心教安立），有名之教詮無名之義，此當迴心、初教位中義，當即名義即空教也。

初教的空義概念（有名）乃是「假名」，空義實超越概念所能認識（無名），須以無分別智來認識。

三、有名之教目有名之義（迴心教），有名之教目無名之義（如三十二菩薩說不二法門），無名之教目無名之義（如文殊以言遣言），此當熟教位中，即性實成有之義，非是所謂有也。

「目」表見實性；相對地，小、始二教用「詮」字，即表尚未真見實性。

引文三句中，首句是為了迴小向大的迴心教而安立的，後二句即熟教中的始終二門。

四、無名之教顯無名之義（如維摩默然），義當在頓教位中，一實三昧說也。

「顯」表頓顯實相無相之義，不同於前，尚以差別之相漸示真實。

五、有名之教說有名之義（方便說），無名之教顯無名之義（頓顯真實），當在圓教位中見聞處說（即同教）。有名之教顯有名之義（此「顯」為頓顯無盡），有名之教顯無名之義，無名之教顯無名之義（「有有」、「有無」、「無無」此三句已窮盡前述列舉的狀況），此約圓教處說（別教），為攝義無盡故，分齊通聲聞及凡夫世間所知真實法也，該通三乘、小乘文義及圓教中比證（比量與證量）分齊。

「說」為方便說，「顯」為頓顯。引文「見聞處」應解作「與三乘同見同聞」之義，即同教。依《搜玄記．卷一》：「為此經（《華嚴經》）宗，通有同、別二教，三乘境見聞及修等故也。如《法華經》，三界之中三車引諸子出宅，露地別授大牛之車。仍此二教，同在三界，為見聞境。」對同、別二教來說，三界同為見聞境，若顯無盡，即是別教；所以，此當以智儼判教中圓教分為同、別教的立場解釋。

同教以「方便說」導向頓顯真實，如《法華經》：「唯有一乘法，無二亦無三，除佛方便說，但以假名字，引導於眾生。」別教則頓顯無盡教義，依無盡義，通攝一切。換言之，從別教的無盡教義看一切法，一切法在別教的開顯下也都是無盡教義；並非如同教，教義尚同於三乘。

智儼開宗立教，除了凸顯《華嚴經》圓頓教義的高廣，也是為了布列佛教諸經的旨趣差別。在《要問答・卷上・二十六、諸經部類差別義》中言：

如《四阿含經》局小乘教。《正法念經》舉正解行、別邪解行通三乘教。《涅槃經》等及《大品經》三乘終教，為根熟聲聞說故。《金剛般若》是三乘始教，初會愚法聲聞故，義意在文。《維摩》、《思益》、《仁王》、《勝天王》、《迦葉》、《佛藏》等為直進菩薩說。仍直進有二種：一、大乘中直進。二、小乘中直進菩薩。此二處直進教亦有同異，準攝可知。《華嚴》一部是一乘不共教，餘經是共教。一乘、三乘、小乘共依故。又《華嚴》是主，餘經是眷屬。以此準之，諸部教相義亦可解。如《法華經》宗義是一乘經也，三乘在三界內成其行故，一乘三界外，與三界為見聞故。餘義準可知。

這段引文中，智儼以教大略判經，在判攝的理由上只有稍作解釋。底下將智儼的判攝，依判教層級重新排序，並針對特殊之處再作補充解釋——

一、小教：《四阿含經》。

二、通三乘教：《正法念處經》，「舉正解行，別邪解行」。此經分為〈十善業道品〉、〈生死品〉、〈地獄品〉、〈餓鬼品〉、〈畜生品〉、〈觀天品〉、〈身念處品〉，對比出正邪的解行因果，顯然通於大小乘的聲聞、緣覺、菩薩三乘。

三、始教：《金剛般若經》，「初會愚法聲聞故」。「愚法聲聞」應代表小乘。小乘執著實有或者分知法空，《金剛經》說大乘始教空義，因此是初引小乘會歸大乘。

四、終教：《大般涅槃經》、《大品經》（即鳩摩羅什譯《摩訶般若經》），「為根熟聲聞說故」。《涅槃經》有著名的「佛性常樂我淨」之說，顯然是終教。《般若經》大都說空，依其內容或前後期的發展，可分為下中上三品：《大品經》為「中品般若」的主要文獻，其中雖然有講到「佛性」，但也說「佛性空」，其實並未說真常思想。「上品般若」在玄奘譯的《大般若經》中才譯出，其中才有「實有菩薩」、「常樂我淨真實功德」的真常思想。

如此，為何智儼會將講「佛性空」的《大品經》判作終教、真常教典？這可從三方面理解：

（一）基於終教佛性具有空與不空的兩面，《大品經》既談佛性，又談性空，稍見終教的端倪；其後來出現的「上品般若」會有「實有、真常」之說，也正是此內在理路的發展。這種判法，就類似宗密在《禪源諸詮集都序．卷上》泛說般若經論為「密意破相顯性教」；也就是表面雖說空理，實則密意是在藉空以除虛妄而顯現如來藏佛性。

（二）智顗、吉藏等前德已用真常思想詮釋《般若經》。智顗《摩訶止觀．卷一下》：「一念心即如來藏理。如故即空，藏故即假，理故即中。三智一心中具，不可思議。」智顗將《大智度論．卷二十七》的「三智」結合如來藏理。

當代學者楊惠南則於其著作《吉藏》中指出，中國當時「把客體性之『空』或『中道』，與主體性之『如來藏』（阿梨耶識）相結合，並無經典（指《般若經》）的根據，純粹是吉藏個人的發明。」

（三）玄奘譯的《大般若經》中相當於「中品」的部分，也有真常思想。不過，智儼作《要問答》時未引《大般若經》，玄奘應尚未譯出此經。然而，智儼曾至玄奘的大慈恩寺閱覽梵本《華嚴經》，所以也有可能先知道了《大般若經》具有真常思想。

以上說明了智儼判《大品經》為終教的可據之理。另智儼說《涅槃經》、《大品經》是「為根熟聲聞說」，此理由在底下「直進教」中再述。

五、直進教：《維摩經》、《思益經》、《仁王般若經》、《勝天王般若經》、《迦葉經》、《佛藏經》。直進教是直接針對菩薩的教說，迴心教則是為接引小乘而設；迴心教的內容與小乘相似度高，而較小乘有所提升。如《大品經》便多同《阿含經》及部派所說，依大乘義而為種種空的類集，顯然屬迴心教。《維摩經》訶小揚大，不與小乘相類，因此是直進教。

又，智儼在《要問答》中認為「佛性說」是迴心教，「如來藏說」是直進教；所以，南北朝的前德雖多推崇暢談佛性的《涅槃經》（也兼及如來藏）是最高等的佛經，在智儼來說《涅槃經》卻僅是迴心教。《大品經》、《涅槃經》超過不談佛性、只說空性的空教，所以是為「根熟聲聞」所說的教法。

六、一乘不共教：「（唯有）《華嚴》一部是一乘不共教，餘經是共教，一乘、三乘、小乘共依故。又，《華嚴》是主，餘經是眷屬。」這應是由於《華嚴經》是為上達分階佛境界的大菩薩而宣說，因此是不共教。此經代表最高的佛境界，所以說其餘經典都是由此流衍而出的眷屬經。

七、一乘共教：「三乘在三界內成其行故，一乘三界外，與三界為見聞。」佛境界原是超出三乘所能見聞，而佛在三界中方便教導三乘，使三乘也能見聞佛乘法門，以會三歸一，這正是《法華經》的意旨。

此外，智儼在《孔目章．真如章》中說頓教「廣如《大般若經．那伽室利分》」，而該分確實多說「不可說」之理。如：

以一切法，非合非散，自性皆空，離我、我所，等虛空界；無說無示，無讚無毀，無高無下，無損無益；不可想像，不可戲論；本性虛寂，皆畢竟空；如幻如夢，無對無比；寧可於彼起分別心，諸法自性皆不可說。汝謂我說甚深法者為行戲論；然我實非能說法者，諸法自性亦不可說；以一切法皆如幻事，畢竟性空尚不可知，況有宣說知法性空。

經文從諸法性空的立場上，闡明法性不是分別心所能知、能識，不可想像、不可說示，這本是《般若經》的常談；智儼以此為頓教，似乎混亂了「初教」空義與「頓教」頓顯真心實相之間的差異。然而，智儼當是以《大般若經》為「終教」（如將《大品經》判為終教），自然便將經中表達「一切法不可說」之處視為頓教了。

底下依《孔目章》的五教判與其經論例舉，以及《要問答．諸經部類差別義》，將五教列表如下：

五教	判準	經論例舉	對比法藏
小教		《阿含經》	隨相法執宗（四宗判）
小之始門	分別遍計		十宗判之前五宗
小之終門	諸法但名		諸法但名宗（十）
初（始）教	無分別空		始教或以一切皆空宗（十）為代表，或同於智儼
始之始門	法相唯識	《百法明門論》	
始之終門	諸法即空	《金剛經》、《維摩經．弟子品》部分、《對法論》真如	
熟（終）教以下始終二門為化儀判	性實非有	《大品經》、《大般涅槃經》	或攝唯識法相宗（四），或唯如來藏緣起宗（四）
終之始門	言表不二	《維摩經．不二法門品》部分	《探玄記》引用，含下頓教
終之終門	言表無言		
頓教	默然無言	同上、《大般若經．那伽室利分》	相想俱絕宗（十），更述其他經、論、義
圓（一乘）教			
一乘同教	一乘方便	《法華經》	相同
略教	偏局緣修	「第八迴向」	《探玄記》更加細分
廣教	自體因果	〈普賢品〉、〈性起品〉	

在對比法藏的部分，有些值得注意之處：

一、受到唯識宗發展、興盛的影響，法藏融合了窺基的八宗判形成十宗，在小乘教上顯得精細。初期《五教章》又有「性（真常心性）相（唯識）融會」的表現，將空宗置於唯識宗之下，並將唯識宗的根本經典《解深密經》放入終教（空門為始，不空為終）之中予以融通詮釋。不過，後來在《十二門宗致義記》中又同於智儼。

二、法藏《探玄記》對《孔目章．真如章》幾乎全文引用（以上對《百法明門論》、《金剛經》、《對法論》、《維摩經》、《大般若經》的判分都出於此），並對廣略教更加細分說明。

三、智儼對頓教所述甚簡，法藏多所補充與發揮。

四、法藏《五教章》所列十宗，前七宗是法藏依循窺基的八宗判，後三宗源於智儼之說；十宗中的終教、頓教、圓教分別名為「真德不空宗」、「相想俱絕宗」、「圓明俱德宗」，其文字也是源自智儼的用詞——在《要問答》中講終教的《如來藏經》：「七譬如有人持真金像……裹以弊物令無識者棄捐曠野。人謂不淨，有天眼者知有真像即為出之令他禮敬。明真德除染生信喻。」在《孔目章》中講頓教：「此如絕於教義相想（俱）不及」（原文無「俱」字，法藏於《探玄記》引用時多加了「俱」字），智儼又講圓教「在一乘即圓明具德。」

以上，法藏大體繼承、補充、發揮智儼之說，只有在空宗與唯識的「空有之爭」的判教上起先不同於智儼，後又相同。

智儼的《華嚴經》教判

智儼在其著作中，多處運用同（共）別（不共、通）等十餘種教相，判攝《華嚴經》，或判具同、別二教，或判唯別教等；下文依漸頓圓、同別、共不共、通別、小三一、廣略等教判，逐項考察。

漸、頓、圓三教

一、《華嚴經》兼漸頓圓

智儼在《搜玄記．卷一》，論漸、頓、圓三教之時，依次判攝《華嚴經》。在漸教中：

> 初門漸內所詮三故……此經即修多羅（經）藏攝也。
>
> 二、菩薩藏內有二：一者先習大法，後退入小，今還進大故。……二者久習大乘，今始見佛，則能入頓。此經即入大乘教攝也。

這是說，如從漸教的立場，《華嚴經》是漸教「經」，又是其中「久習大乘」能見佛入頓的菩薩教。

在頓教中，智儼引《華嚴經》「第九地」偈文：「若眾生下劣，其心厭沒者……若有無上心，決定樂大事，為示於佛身，說無量佛法。」說該文中有三乘、一乘、頓教等；他又將此中佛頓陳大法令人頓悟的頓教，略同於一乘教

（即圓教）。之後又說，圓教乃為上達分階佛境者所說的圓滿法，並言：「此經即頓及圓二教攝」。

《搜玄記．卷四》對《華嚴經》中為何採用問答形式解釋說：「然問答辨義者，為明圓宗祕教，顯於時聽，修相方便，彰在心目。」問答在使祕密顯了。其中以「圓宗祕教」形容《華嚴經》的教說密奧，「祕教」一詞應出自《大智度論．卷四》：「佛法有二種，一祕密，二現（顯）示。」

為何《華嚴經》可屬漸教、又可屬圓頓教？智儼的回答是，《華嚴經》通於圓教（別）、也兼通於漸教（同），並引第九地偈文而用「小三一」的三教判與《法華經》的「會三歸一」來說明經文通於同、別。

法藏在《探玄記》相應於《搜玄記》此處之文，將《華嚴經》的「藏攝分齊」說得更加清晰完整：《華嚴經》正唯「不共教中菩薩藏」，也就是一乘「別」教；不過，此經也兼具「普」的性質，經中具有共同於大乘乃至小教之處，故也可說此經總通於聲聞藏、菩薩藏所收。

二、《華嚴經》是圓非頓

在南北朝隋唐的諸家判教中，「頓教」一般是指《華嚴經》，乃佛為大機者頓陳極致大法之意，智儼在《搜玄記》中也是如此使用「頓教」一詞；同時，此頓教的涵義又有「頓悟」之義。後來，智儼在《孔目章》以真理「不可說」（類同頓悟義）界定頓教，不再將頓教視為頓陳《華嚴經》。

三、「漸、頓、圓」三教判的來源

智儼將《華嚴經》判為大乘漸教菩薩藏、頓教、圓教。以下列出歷來判屬《華嚴經》為「圓頓教」的情形，如下頁表格：

其中透露出：（一）智儼對頓教的新界定。（二）《華嚴經》的佛境界是理想的（正），《法華經》的方便同歸與天台宗的「一色一香，無非中道」（《摩訶止觀》）是現實的（反）；華嚴宗吸收了天台注重現實的精神，兼顧了理想與現實（合）。

慧光	圓頓教		揚《華嚴》	正
智顗	圓頓教	兼別教（界外大菩薩的漸教）	揚《法華》純圓、抑《華嚴》兼別（隔別）	反
智正	圓頓教	菩薩藏	承慧光	
智儼	圓（頓）教	兼漸教（久習菩薩）	齊揚《華嚴》別（殊勝）圓、《法華》同圓	合
法藏	圓教	兼漸教（大小乘）	繼承、發揮智儼之説	

同別二教

一、同別二教的來源

法藏在《華嚴經傳記》中說，智儼閱及慧光的《華嚴經疏》，才對《華嚴經》的「別教一乘無盡緣起」的宗旨欣然賞會，粗知眉目；如此，智儼的「別教」之說似應是從慧光而來。

但是，考慧光的四種判教中並無此種用法；或許，「別教一乘」之詞，是法藏後來加上去的形容！

《孔目章．卷四．一乘之妙趣》中提到：

> 前德已述通別二教，而未見釋相。今以理求，通之與同，義無別趣也。

前德應指佛陀跋陀羅，有通、別二教之判，智儼並未見到其判教的具體內容，而是自己推想「通之與同，義無別趣」；換言之，「通別」就是「同別」。所以，前德的通、別二教，可能正是智儼早年同、別二教的來源；不過，這也可能只是智儼晚年作《孔目章》時的順帶會通罷了！

然而，若這真是同、別二教的來源，智儼為何不用「通」別二教之名，而要改為「同」別二教？

在「通」字方面，智儼是用通宗、通教之名來形容《華嚴經》「一即一切」

的圓「通」無礙。而在「同」字方面，《法華經》在南北朝宗愛、慧觀等人的判教中被稱為「同歸教」，可說是指種種佛經「同歸」於「一（同）」（《華嚴經》具同、別二旨），所以智儼正好可用此「同」字替代「通」字。

二、《華嚴經》兼同別

智儼引前文第九地「說無量佛法」等偈後，設問自答：

問：此經何故上來通三乘（含大小）分別及攝者？

答：為此經宗，通有同、別二教。（同有）三乘（大小）境見聞及修等故也。如《法華經》，三界之中三車（大乘的三乘）引諸子（小乘、大乘）出宅（此即一乘同教所引，而會三歸一），露地別授大牛之車（歸一，即一乘別教）。仍此二教（同、別），同在三界，為見聞境。又聲聞等窮子（小乘），是其所引。故知小乘（聲聞、緣覺）之外，別有三乘（大乘的聲聞、緣覺、菩薩）。互得相引（同、別），主伴成宗也（互為主伴，以成經宗）。

在這段引文中，智儼認為《華嚴經》通有同、別兩種宗旨，他以《法華經》的「火宅喻」說明——

所謂「同教」，是指同以三乘（含大小）的境界（見聞修等）作為引導，而接引小乘人（聲聞窮子）、大乘人進入大乘的三乘道（三車），以作為一乘（別教）的方便道。

所謂「別教」，是指另有界外作為歸宿（露地大牛車）；但此別教也同在同見三界，其實並非只在界外。

所以，《華嚴經》包含別教與同教（引歸）的高廣兩面。《孔目章．一乘之妙趣》：

夫圓通之法，以具德為宗，緣起理實（指向《華嚴經》），用二門取會，其二門者，所謂同別二教也。別教者，別於三乘故。《法華經》云「三界外別索大牛之車」故也。同教者，經云「會三歸一」故，知同也。

引文中指出，《華嚴經》具有同別二教，內容與《搜玄記》相當一致。又說：

一乘同別教義，依海印定起，普眼所知。（指《華嚴經》）三乘教義，依佛後得法住智說……此約別相說。

《華嚴經》乃佛成道時於海印定中頓說的普眼境界（佛境界），後示現出定，說三乘法。依圓教義，佛的海印定同時顯現過去、現在、未來所有一切，超越時間的限制，實為常恆之定，只是就眾生機感見聞說有出入相。所以，智儼這裡以一乘同別教義代表《華嚴經》，而與三乘區隔。

三、《華嚴經》唯別教

依《孔目章》中〈五教法數章〉、〈真如章〉指出，同教為入別教的遠方便，別教是於海印三昧中說「無盡」教義；同教教義同於三乘，但若迴向於一乘別教，即成為一乘同教。依此，《華嚴經》唯別教，非同教。

四、「同、別」的多種歧義

智儼在《孔目章．一乘之妙趣》中將「同、別」語詞靈活運用：

又（一乘）別教之中，亦有同別：由多即一，是其同也；為一中多，即是別也。（三乘、一乘）同教之中，亦有同別：一乘三乘，同一善巧，是其同也；各為據機別，即是別也。

這並非論同別教的判教關係，而是以同別的泛意申論在同別教中又各自有同別的意義，表現出華嚴宗在論述形式上慣用的交錯邏輯，內容則可隨機賦予解說。底下略列出「同」（或通）的五種意義（相對即是「別」義），又前三義屬同教，後二義屬一乘別教：

（一）名同（通）

《孔目章．一乘之妙趣》：

又言同者，眾多別義，一言通目故言同。

問：所以佛教多用一言通目諸義，既通目諸義，於「辯才」中，云何得明法義及辯樂說等耶？

答：佛教若不通目，有情眾生，隨言取義，以定根性，無由以近會其遠旨。所以佛教存通目者，依其論道及施設道，以生智滅惑，顯理成果之便巧也。

引文指出，各教教義常名同義不同，這是因為眾生常執守名言，名同是為了要使眾生能從同一名中逐漸領會深遠的意旨，此是接引眾生的善巧方便。

（二）普同（通）

《要問答．卷下．四十八、普敬認惡義》：

此中所明如來藏、佛性，雖約諸義，差別不同，皆是同教一乘義也。何以故？為成普法故，普法所成故。

三階教以人皆有如來藏、佛性的普法而主張普敬認惡，智儼將此觀念評為同教一乘義。《要問答》中「同教」只出現過這一次，指向具有遍在性的本體（普法），「同」指普遍於一切。在《要問答》中主張《華嚴經》唯不共教、別教；相應的，一乘同教也不指向《華嚴經》（圓教），而以終教的「佛性」

為一乘（佛乘）的同教義（普法）。又，《孔目章．一乘之妙趣》云：

又《佛性論》明其通觀，通觀滅諸惑，通證諸理，通成諸行，通尅諸果，此約一乘同教言。

引文以《佛性論》明一乘同教的「通」義，這應是尅就其真理（佛性）通於差別的現象而言。此處仍（隨機）沿用《要問答》的用法。

（三）會同

《孔目章．一乘之妙趣》：

又，一乘之法，對機以明。別，非謂自相而可別，隨機論別，別別別別別別別別別別；所以說十者，欲顯無量故。又，一乘同法，對智以彰同；若引機以會同，則同同同同同同同同同同，即窮無盡也。

引文指出，一乘的同別是對機、對智的區分，法的實相本身並無同別可說。一乘的差別是無量的，以十別表之；一乘的同法，引機會同，也是無盡的，以十同表之。

（四）圓同（通）

《孔目章．一乘之妙趣》：

又會義不同多種法門，隨別取一，義餘無別相故言同耳。故《華嚴》中信解行等諸位，以信一言，成其信位，位中所含，即通成解行理事等一切法門。

此處「同」是「圓通」之意，任何一法都通同於一切差別。

（五）「通、同」之異

《華嚴經》本身並無「圓通」一詞；但在智儼著作中，《搜玄記》用十一次、《孔目章》用九次「圓通」之詞，來形容華嚴境界。其重要用法有：（佛）德備圓通、方（大方廣之方）者圓通之致、（華嚴境界）自體圓通、法界圓通無礙、圓通性德、法界自體因圓通妙道無障礙德備、一乘圓通（二次）、圓通自在（三次）、無盡圓通究竟（圓通無盡、無盡圓通）、別教門者謂圓通理事統含無盡因陀羅。圓通形容一乘、別教、佛德、性德、法界、自體、妙道、自在、無礙、無盡，乃至以圓通形容「方」，「若一乘別教說，即通通通通通通通通通通，窮其法界也。」

「通」字在文意上所具有的動態、廣大、包容等意涵，不是「同」字所能取代的。在中國哲學中，《莊子．齊物論》也說「道通為一」，《周易．繫辭傳》亦言，易道「感而遂通天下」。基於「通」字有如上的特殊意涵，智儼或許因此才用「通教」來形容「最高境界」，而用「同教」代表「非最高境界」的共同、相通之處。

總之，華嚴宗對同別隨義立名，運用靈活，內涵豐富而多歧義。

共、不共教

一、共、不共教的來源

法藏《五教章》對共、不共教的引證：

由此義故，《大智度論》云：「般若波羅蜜有二種。一、共，二、不共。言共者，謂此摩訶衍經，及餘方等經，共諸聲聞眾集共說故。不共者，如《不思議經》，不與聲聞共說故。」解云：「《不思議經》者，彼論自指《華嚴》是也。以其唯說別教一乘，故名不共。」

法藏說《大智度論》中所謂的「不共教」就是別教一乘，即《華嚴經》。由此似也間接指出，智儼的共、不共教是源自《大智度論》的二種般若。

二、《華嚴經》兼共、不共教

《搜玄記》中也使用共、不共教指稱《華嚴經》，意義與同、別教相同。

「一乘共教」一詞：

問：何故不依一諦，而依四諦？為通與下三乘人作見聞境，成後起信入道因緣故。又亦可以此通有作、無作，為是一乘共教故。一乘有作即空，一乘無作不空，此可思之也。

智儼指出，《華嚴經．四諦品》乃為接引三乘，所以名同三乘法；又說〈四諦品〉是「一乘共教」，此中四諦可通共教中的「有作空」與「無作不空」。有作（有量）、無作（無量）四諦出自《勝鬘經．法身章第八》，指四諦法有廣狹高低之分。至於《搜玄記》的「一乘不共教」一詞：

若約一乘不共教，據行即寂靜勝三昧為初學始，若約行解即華嚴定為初學始。

引文中「一乘不共教」的「華嚴定」為《華嚴經》中不共餘乘的定學。

三、不共教唯《華嚴經》

《要問答．卷上．二十六、諸經部類差別義》：

《華嚴》一部是一乘不共教，餘經是共教，一乘、三乘、小乘共依故。

引文明確將一乘不共教唯指《華嚴經》，這是從整部經（諸經部類）來說，就如智顗說「頓教部」唯有《華嚴經》，「頓教相」則諸大乘經凡說究竟處，皆是頓教相。

又說「餘經是共教」，此處共教之意為「一乘、三乘、小乘共依故」，但三乘教在真理觀上並不共小乘教，為何是共教？所以此處說的共依，不能指共通的部分，否則大乘經則非共教。此處「共依」應即如《孔目章．卷四．一乘之妙趣》說：

> 所言同者，三乘同一乘故；又言同者，小乘同一乘故；又言同者，小乘同三乘故。

引文在「小、三、一」的關係上，遍舉出低層同高層的三種狀況，作為「同」之意義。如上樓梯，唯有最高層不共，其餘皆有作為共依之義，次高者也是最高者的基礎共依，最低者則是一切的共依基礎。

四、《華嚴經》唯不共教

前述《要問答．二十六、諸經部類差別義》唯《華嚴經》是不共部，而在〈二十一、一乘分齊義〉更說《華嚴經》唯不共教：

一乘教有二種：一、共教，二、不共教。圓教一乘所明諸義，文文句句皆具一切，此是不共教，廣如《華嚴經》說。二、共教者，即小乘、三乘教（此處指大乘的三乘），名字雖同，意皆別異，如諸大乘經中廣說。可知仍諸共教上下相望有共不共，如小乘教三世有等，三乘即無；三乘教有，小乘即無；或二乘（此處指小乘與三乘）共有，如道品等名數共同；或二乘俱無，則一乘（不共）教是也。

引文將《華嚴經》定位在一乘不共教、圓教，任一文句皆具一切。共教指小乘、三乘經典，共教有共用一些「名字」（法相名詞）而意義不同，如三十七道品等，也就是名共、義不共；共教中也有「不共」之處，如小乘教（說一切有部）中特有的「三世實有」思想，大乘即不採用。

所以，此處所謂的「共」義，特別指向有「共名」。但《華嚴經》顯然也與共教有共名，如有〈四諦品〉、〈十地品〉；就此而言，《華嚴經》應也可說兼具共不共教。不過，此時智儼不從有共名上去說《華嚴經》，而從意義上先判其為不共教。《華嚴經》雖與餘經也有共名，但《華嚴經》（不共圓教）中的名字具足一切義，即強調其為不共，而非僅以「共名」為共教。

五、通別二教

（一）通別二教的來源

新羅見登《華嚴一乘成佛妙義》中說，佛馱三藏依《楞伽經》立通宗大乘：

此三藏所立通宗大乘，明如來藏真心道理為極，故此中皆攝《楞伽》、《仁王》、《華嚴》。以別教三乘六識為軌則，修成佛迴入通教。通教以妄識為軌則，修成佛依通宗，如來藏真心依位地，更令修覺。僊師意者，三藏通宗大乘是三乘外華嚴一乘也。

此中立三教：別教（三乘六識）、通教（妄識）、通宗（如來藏真心，攝《楞伽》、《仁王》、《華嚴》）。見登指出，智儼的「通宗」即是由此而來，然唯指《華嚴》（其與通宗原先泛指如來藏真心思想不同）；又，佛馱的別教在此應指小乘，通教應指般若、唯識。由上可說，「通」有始教、終教的空有融通與《華嚴經》的無盡圓通等意義。

此外，慧觀也將「有相教」稱為三乘別教，「無相教」稱為三乘通教，如吉藏《三論玄義》述慧觀判教：

一者三乘別教，為聲聞人說於四諦，為辟支佛演說十二因緣，為大乘人明於六度，行因各別，得果不同，謂三乘別教。二者般若通化三機，謂三乘通教。

「三乘別教」指大小乘教義差別，「三乘通教」指般若是大小乘的共通之法。智顗有藏、通、別、圓的四教判，又以通、別二教詮解教、理、智、斷、行、位、因、果。

智儼在《孔目章．卷四．一乘之妙趣》說：「若隨機欲，或有總知，謂大學者；或有別知，謂小乘學者。」此中即如佛馱以「別」（片面）形容小乘。

（二）通教即一乘別教

通教、通宗可有多種意義，但在智儼的使用上，通教即指一乘別教。如《搜玄記・卷一》云：

而位次言之，蓋是外凡始起發心之行；然經文所辨，乃云十地終于入佛境界無上菩提滿足佛事。言狀矛盾，其故何也？如究其實，當是一乘通宗行要。……故果無異因之果，因無異果之因。

這是說，《華嚴經》中，信滿初發心，竟同十地終，入於佛境界、滿足佛事，這是一乘通宗的修行，因地即同果地。可知，此處所謂「一乘通宗」即指一乘別教。

（三）《華嚴經》唯通教

《一乘十玄門》有云：

所言教義者（教是能詮，義是所詮），教即是通相、別相、三乘、五乘之教。即以別教以論別義，所以得理而忘教。若入此通宗，而教即義，以同時相應故也。……第三、解行者，如三乘說，解而非行，如說人名字而不識其人。若通宗說者，即行即解，如看其面不說其名而自識也，相顯為行，契窮後際為解。

引文之意為：教分兩種，一種是別宗，如三乘、五乘教等，這是從現象區分法義（別相、別義），從差別而證得超越差別相的真理。另一種是通宗、一乘教，這是直接依據最高真理立教，一切都「同時相應（通相）」，所以這種教並無「教」與「義」的真實區分。同理，別宗先解後行，通宗行解為一。以上是智儼據自己所宗的圓教而說通宗。

總之，一乘別教也稱通宗或通教，與之相對，三乘也稱別宗。

一乘、三乘

在《搜玄記》中說明《華嚴經》八會與一、三乘的關係：

又因此會宗體更舉上下諸會別。宗有二義：

一、舉普賢性起實德（一乘別教）隨差別緣（三乘）以起信心故說：即初會明世界海，第二會十信，第三會十解，第四會十行，第五會方便迴向，第六會明修成本有無漏因果二行法等，第七會依法成因果行德，第八會依人成位差別德也。此並是一乘、三乘共學法（此即一乘同教）。第二、攝差別緣（三乘）以從本實（一乘別教），即初會觀圓明五海十智以起說，第二會位信位成就本實因果分量德，第三會解位顯證性德普賢因果，第四會行位顯證本性普賢因果，第五會方便迴向位顯證法界如相普賢因果，第六會證位顯證性普賢因果，第七會依法以顯通教普賢因果行德分齊，第八會依人顯證普賢因果緣起理事德，位分量差別義也。

前文述及《搜玄記》說「為此經宗，通有同、別二教」，此處引文雖未使用同別教之語詞，但其指出經中各會表現出的因果差別與圓融實德，可說即是具體說明《華嚴經》中同別二教的內容。此處引文之意為，《華嚴》八會中皆有一乘、三乘共學的一乘同教法，這是一乘為發起三乘人信心而隨順三乘差別法門而說的；不過，各會也都會歸於一乘別教法。

《孔目章．卷四．一乘之妙趣》，進而以《華嚴經》的會品與一乘三乘作不同的搭配，表列如下頁：

如前所述，一乘別教是圓通境界，一即一切。一乘同教是涵攝三乘教的內容，方便接引三乘教，同歸一乘別教，《華嚴經》中具此二門。其餘表中之說，智儼並未多加解釋。

智儼將初會至第六會〈普賢行品〉之前，視為一乘別教、同教順從三乘教而分別的因果，其中唯有〈十地品〉不同；說其「悉曇字音（字母），會成無盡」，這是〈十地品〉的序分中提到的「譬如諸文字，皆攝在初章（字母），諸佛功德智，十地為根本」，經說十地是佛法的根本，譬如一切文字都由字母組成，智儼即將此解說為無盡之意。這種詮釋即同《十玄門》的「數十法」中，數字相攝相即，重重無盡。

不過，〈十地品〉大部分都共三乘教，如智儼在《搜玄記》也說「初地已上，（搜玄記對）經本無（須再）通三乘，（經本）立其教義文相多同（三乘）

<table>
<tr><th>《華嚴經》品會</th><th>三一、同別之意趣</th><th>判準</th><th>廣略</th></tr>
<tr><td>前之五會、〈十明品〉至〈不思議品</td><td>一乘別教，從三乘教</td><td>（隨差別緣）</td><td rowspan="4">（前兩品廣兼略）略教</td></tr>
<tr><td>〈賢首品〉</td><td>同上，又顯一乘別教</td><td>入佛境界</td></tr>
<tr><td>〈十地品〉</td><td>一乘圓教，從三乘教，以顯一乘別教</td><td>悉曇字音，會成無盡</td></tr>
<tr><td>〈相海品〉、〈小相品〉</td><td>一乘圓教，從三乘教</td><td>契多障者</td></tr>
<tr><td>〈普賢行品〉、〈性起品〉</td><td>一乘別教，顯一乘文義</td><td>廣大說</td><td>廣教</td></tr>
<tr><td>〈離世間品〉、〈入法界品〉</td><td>一乘行法，教義俱一乘</td><td>以始標終說</td><td>廣兼略</td></tr>
<tr><td colspan="4">備註：1. 括弧之處為本文據《搜玄記》、《探玄記》之義推補。
2. 三一、同別、略廣之理，實為相應。</td></tr>
</table>

故，〈搜玄記〉不須料簡也。」智儼在〈一乘之妙趣〉處說〈十地品〉時，也將「一乘『別』教，從三乘教」改為「一乘『圓』教，從三乘教」，也顯示〈十地品〉同教的意味重。

另外，在「從三乘教」說中的〈賢首品〉顯然更加闡發圓融佛境，如智儼也說：「然經文〈賢首品〉所辨，乃云十地終于入佛境界，無上菩提，滿足佛事。」但智儼於〈一乘之妙趣〉處並未標出此品的特殊性，卻獨標〈十地品〉；可能是因為〈十地品〉在佛法中的根本性（如字母喻），以及智儼地論學的背景，所以特別予以注重，並賦予〈十地品〉圓融的詮釋。

《搜玄記》云：「初、訖〈小相〉已來明方便對治修成因果。二、〈普賢菩薩品〉下訖〈性起品〉明自體因果。」在〈普賢行品〉、〈性起品〉二品之前，明修成因果；而此二品，則是闡明自體因果（性起圓融），在〈一乘之妙趣〉中又說其為「廣大說」，所以是「一乘別教，顯一乘文義」。〈離世間品〉、〈入法界品〉此二品展示圓融的行證，從初始就與最終圓融，所以是「一乘行法，以始標終說，教義俱一乘」。

智儼於此判分中漏掉〈相海品〉、〈小相品〉。此兩品在說佛之相好，而佛教有所謂「多障眾生（應）念佛觀（想）」之說，〈小相品〉即被法藏例舉是為了愚癡障重眾生的隨應說法。所以，這兩品深具同教接引的性質，應作另一類「一乘圓教，從三乘教」。

廣、略二教

《孔目章．卷二．五教法數章》中對《華嚴經》的內容有廣、略二教之判：

又依無盡圓通門，即《華嚴經》「第八迴向」百句如相，義當略教。〈普賢〉、〈性起〉當是廣義，即無盡圓通究竟宗也。

智儼將《華嚴經》分為略教及廣教，但於此並未解釋略廣之義。而在《搜玄記．卷四》注疏〈普賢菩薩行品〉（以下簡稱〈普賢行品〉）總論之時，有相關的說法，以下先引經後引疏：

【經文】

爾時普賢菩薩摩訶薩，告諸菩薩言：「佛子！如向所說是微少說。何以故？一切如來應供等正覺，為受化者隨應說法，愚癡眾生諸纏所纏……為如是等眾生故，如來應供等正覺，出興於世。」

【疏文】

一釋名者：行周法界云普，體順調善稱賢；菩薩是人，行者明因，行體從二義得名。

二來意者：何故來有二，一疑者云向前因果以何為體、依何以成？為決此疑也，此即第二自體因果。此品是因，性起是果。此因果與上修成云何取別？若約緣分齊取即屬上，離性泯始終即屬此。

問：上地中廣明離性，此云何也？

答：前欲攝別行為趣體方便故也，此中所明正是順理之行性也，而無二體，義不相是耳。以緣盡緣，以性即並性也。

序文有三：初、舉「略顯、廣辨說」分齊。二、「何以故」下，嘖。三、答。答文意前對緣故局少也，此體通緣、非緣故寬也。亦可前緣修舉體從相故局，此起依相入體故寬也。有此品攝本有修生、修生本有，又前對一品、二品機，此即普也。……（答）文有四：初、總辨上說少意。二、愚癡眾生下別辨隨說意。……此廣文意者，前教既大，云何局無一（乘）機？答：為煩惱功力其大，小成大損，上雖非小，所治不輕故。若望普賢法界，不名為廣也。

智儼指出，〈普賢行品〉之前所說為「略顯」，即偏於緣起現象上的「修成」；〈普賢行品〉、〈性起品〉則為「廣辨」，辨明此緣起現象的「自體因果」。〈普賢行品〉是因，〈性起品〉是果；〈普賢行品〉是「本有修生，修生本有」，是依本有的自體而修證；〈性起品〉則依本性而起用，皆「通緣（修生等）、非緣（本性）」。這兩品是對普機、一乘機（觀文意，普機應是普對各品之機，但依其義也可說是普賢行之機），之前則是針對「一品、兩品機」

的「愚癡眾生」「隨應說法」，而「小成（普賢法界）大損（煩惱）」。所以，智儼應是依據《華嚴經·普賢行品》所說「如向所說是微少說」等，而將《華嚴經》分為「略教」與「廣教」。

不過，智儼的解釋有一問題。〈普賢行品〉之前有三十品，為何智儼又說之前是針對一品、兩品機？這在法藏的《探玄記·卷十六》有相關的說法：

> 前中「如向說」等者，釋有二義：一約近，如前〈小相品〉所說，令諸天子成普賢行，是微小說。以隨所化愚癡眾生惑業障重墮惡道者，顯小相用故爾也。若約障輕智慧眾生，辨大相業用，即廣大不可說、不可說也。二約遠，即五周因果中如前第二周，是微小說。以前五位漸次因三（或作位字）德差別果。雖諸門內亦有普賢圓融之義不同三乘，然其門相階降同彼三乘，逐機就病，不盡法源，名微小說。此下二品明普賢因果，逐於法性，不就染機以分階降，名廣大說。文意如此。

雖然法藏沒有直接提及智儼之說，但從上文可以對照看出，智儼所謂的一品、兩品是特別針對業障較重者而說的一、兩品，如〈佛小相光明功德品〉（以下簡稱〈小相品〉）。而若擴大來說，則〈普賢行品〉之前的二十八品（第三品至第三十品）也是隨順三乘而顯示的「差別因果」；內容雖然也有圓融之義，但其進路仍是為了曲就染機的「小說」。至於第一、二品則不在內。如下頁表格所示：

總之，所謂「廣略」是從闡述自體因果的程度上劃分的。廣教以闡述自體因果的〈普賢行品〉、〈性起品〉為代表，〈普賢行品〉之前第三品至第三十品皆應為偏局緣修的略教，而又以「第八迴向」的「百句如相」為其「真理」觀的代表。以百相來說真如，例如：至一切道（徧一切處）、如（真實為性）、性如（恆守本性）、無相……以說「真如」。

又《華嚴經》第一〈世間淨眼品〉、第二〈盧舍那佛品〉以及最後兩品〈離世間品〉、〈入法界品〉，未被定指為廣教或略教。若依前述智儼在判《華嚴》全經攝屬於「一三乘」的內容中，只判〈普賢行品〉、〈性起品〉為「廣大說」，

《六十華嚴》的略教與廣教表

略教從第三品至三十品（依法藏）	廣教依〈普賢行品〉、〈性起品〉
偏局緣修	通緣非緣、本有修生、修生本有
舉體從相，其體之理以「第八迴向百句如相」為代表	依相入體、自體因果
尤對一品二品機，如〈小相品〉（此依法藏）	普機、一乘機
小成（普賢法界）大損（煩惱）	普賢法界
廣兼略，〈世間淨眼品〉、〈盧舍那佛品〉、〈離世間品〉、〈入法界品〉（本文依《搜玄記》、《探玄記》之義推補）	

如此其餘應非廣教；不過，〈世間淨眼品〉、〈盧舍那佛品〉皆是舉佛果德，法藏說為「非略教」，但智儼在「一三乘」中判為「一乘別教，從三乘教」，

「從三乘教」則亦「非廣教」，所以此兩品應兼廣略教。〈離世間品〉、〈入法界品〉為圓融的行證，智儼判為「一乘行法，教義俱一乘」，一乘圓融義似應為廣教；但所謂「圓融不礙行布」，行門有始終深淺階降差殊，又不似法藏所說的廣教「逐於法性，不就染機以分階降，名廣大說」、「辨大相業用，即廣大不可說」，因此這兩品也應兼廣略教。又，此四品說佛果之德與行證圓融，較似廣教（自體因果、普賢法界），所以此四品應判為廣教兼略教較妥。

小結

一、共、不共、同、別、通的歷來用法

共、不共、同、別、通，在判教中的歷來用法，表列如下頁：

	《大智度論》	佛陀跋陀羅	慧觀	智顗	智儼
共教	共般若				餘經
不共教	不共般若，《不思議經》（華嚴）				部類唯《華嚴》，內容亦兼共教
別教		六識	大小乘有相教	不共隔別非圓融	隔別、片面，小乘、三乘
一乘別教					即不共教（殊勝），《華嚴》代表
通教		妄識	大小乘無相教	大小乘共通，《般若》為主	即一乘別教
通宗		真心，依《楞伽》立名，如《華嚴》等			即通教
三乘同教					三乘共通
一乘同教 一乘同三 三乘同一					會三歸一，《華嚴》兼具，《法華》代表

二、智儼著作中對同、別等十餘種教相的用法

智儼在其著作中，運用同、別等十餘種教相來判攝《華嚴經》，或判經具同別二教，或判唯別教等，略列如下：

<table>
<tr><th>《華嚴經》</th><th>具同（共）、別（不共、通）</th><th>唯別</th><th>漸</th><th>頓</th><th>圓</th><th>廣略</th><th>小三</th><th>一</th></tr>
<tr><td>《搜玄記》</td><td>俱五</td><td></td><td colspan="3">同別</td><td>廣略</td><td>同</td><td>同別</td></tr>
<tr><td>《十玄門》</td><td></td><td>通</td><td></td><td></td><td></td><td></td><td></td><td>通</td></tr>
<tr><td>《要問答》</td><td></td><td>不共別</td><td></td><td></td><td>不共別</td><td></td><td></td><td>不共別</td></tr>
<tr><td>《孔目章》</td><td>俱五</td><td>別</td><td colspan="2">同</td><td>同別</td><td>廣略</td><td>同</td><td>同別</td></tr>
</table>

由上，略見智儼在判攝《華嚴經》上具有前中後三期的特色：

前期：《搜玄記》以漸頓圓等等教相判經，《華嚴經》具同別教，此期重在以《華嚴經》來融貫各說。

中期：《要問答》突出《華嚴經》為一乘圓教之不共教，此期重在分別各說。《十玄門》應攝在此期。

後期：《孔目章》綜合前兩期，《華嚴經》為圓教，具同別教，以別教區別各說，以同教融通各說。

在字詞使用的文意上，「同、別」有一體兩面的融會意味，「共、不共」則對立性強。「一乘別教」有特殊、殊勝的意涵；「頓」有直接、突然、非漸次的意思，包含頓陳、頓悟；「通教」則表達出內容的圓通無礙；「圓教」具有圓滿、究竟、融通等的最佳意象。

三、《華嚴經》、三乘與同別等教

（一）《華嚴經》是一乘別教、不共教、通宗

一乘別教、不共教、通宗同義，是直接依據最高真理立教，是於海印三昧中說無盡教義，一切都同時相應，一即一切，窮盡貫通法界，智儼以十個「通」

字表示。

《華嚴經》定位在一乘不共教，任一文句皆具一切。此處不從有「共名」上去說《華嚴經》兼具同教成分，而從意義上先判分其為不共教。《華嚴經》雖與餘經也有共名，但因該經中的名字具足一切義，即強調其為不共，而非僅以共名為共教。

再者，一乘不共教唯指《華嚴經》，這是從整部經來說，《法華經》則為一乘共教。

（二）《華嚴經》兼具一乘同教、共教、廣略教、寄三乘教

《華嚴經》中顯然同有大小乘的共名，如〈四諦品〉、〈十地品〉，以作為接引大小乘進入一乘（別教）的方便道；就此而言，《華嚴經》包含別教與同教（共教、引歸）的高廣兩面。

《華嚴經》本身兼具別同兩面，又可將其會品內容依廣略、一三的形式區分。「廣、略」是從闡述自體因果的程度上劃分，略教偏局於緣修，廣教則通緣與非緣。「一、三」是從三乘共同與一乘不共的內容上來區分的，而三一、同別、略廣之理，實屬相應。

（三）三乘向一乘同教

三乘若迴向於一乘別教，即成為一乘同教，一乘同教為入一乘別教的方便。一乘同教也有「通」義，其真理有貫通性，《法華經》的「會三歸（同）一（別）」正指出一乘同別教。

一乘同教或指具有遍在性的本體（普法）；「同」指普遍於一切，這是以終教的「佛性」為一乘（佛乘）的同教義（普法）。

「小、三、一」的關係上，低層為高層的共依，為同之意義，唯有最高層不共。三乘與一乘的關係，如日本學者石井教道之簡示：

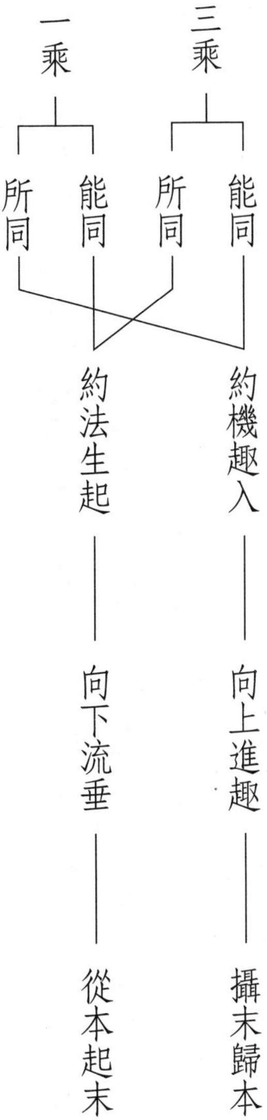

（四）三乘共不共教、別宗

三乘共教指小乘、大乘經典，共教有共用一些法相名詞而意義不同，如三十七道品，也就是名共、義不共，共教中也有不共之處，如小乘教（說一切有部）中特有的「三世實有」思想，大乘即不採用。

別宗如三乘、五乘教等，這是從現象區分法義（別相、別義），先解後行，從差別而證得超越差別相的真理。

（五）《華嚴經》與《法華經》

《華嚴經》兼具同別宗旨，經中具有大量一乘同教的教義，如〈普賢行品〉

之前的三十品，都是隨順三乘法的架構來表達一乘義。但《華嚴經》的基本性格應是別教：

1.智儼在《搜玄記．卷一》開宗明義說，此經「因果緣起理實為宗趣」，《十玄門》也說：「《華嚴》一部經宗，通明法界緣起，不過自體因之與果。」這都說明此經宗旨在於顯示別教的教義。

2.此經是針對上達分階佛境的大行者所開演，排除三乘的直接參與。

3.智儼晚年在《要問答》、《孔目章》的判教中，傾向將《華嚴經》說為一乘圓教之不共教、別教，是別教的代表，並兼容同教。相對地，其他經典不屬別教部類，最多只是局部具有別教教義。

另，《法華經》則充分表達「會三歸一」，成為一乘圓教之共教、同教的代表，形成了一乘圓教中同別二教並峙的局面，而不單以《華嚴經》籠罩同別兩教，表現出了智儼晚年對於理想與現實的調和與圓熟。

五教判與天台判教及禪宗頓悟

智儼判教與天台判教之差異

在智儼晚期的五教判架構中，若除去頓教，則小、始、終、圓與智顗化法判的藏、通、別、圓之間，兩者的架構與內容都極為類似。慧苑在《續華嚴經略疏刊定記》，首倡華嚴五教判是受天台化法四教判的影響，並認為五教判的形成是在四教中多加頓教。之後，華嚴宗四祖澄觀、五祖宗密、六祖子璿（九六五至一〇三八年）等人，也將天台四教判與華嚴五教判加以配釋。

然而，這並非表示華嚴五教判是吸收了天台教判而脫胎產生。古人只說，五教中頓教之外的四教與天台化法四教相似；至於五教中不可說的頓教，古人清楚表示其與天台的化儀頓教（頓陳《華嚴經》）不同，如慧苑說「唯加頓教別（天台）爾」。

若以為華嚴教判脫胎於天台教判，實源於未能把握到智儼晚年在《孔目章》中已開展出「小、初（始）、熟（終）、頓、圓（一乘）」的五教判；而將這五教判的架構歸於法藏的創說，進而論述法藏創立此五教判與天台宗的關聯，這就誤置了智儼、法藏、天台宗與五教判之間的關係。雖然天台、華嚴兩宗四教的架構相似，但若從智儼的著述中考察五教判的來源，則應來自《攝論釋》的「小、大（三）、一」，與地論宗慧光的「漸、頓、圓」的兩種三教判的綜合。

天台、華嚴兩大宗派皆以四教同判佛教，或可說是英雄所見略同，如日僧普寂（十八世紀）在《探玄記發揮鈔》說：「天台、華嚴二家之判決，原出諦理；諦理無二，教何不似耶！」此外，確實也有可能是智儼在架構五教判時，私下參酌了天台的判教，只是在著述中未曾提及罷了；例如，智儼以《法華經》為同教一乘圓教的代表，顯然是受到了天台的影響。

又，兩家四教的相似，並不代表智儼的判教缺乏新意，正如普寂在《探玄記發揮鈔》所言：「雖似亦別，別而且相似，是為妙判！應由其似見其妙也。」在相似中，反倒更突顯出五教判裡：安置唯識宗為始教之始；安立頓教；圓教分為同、別二教；以及五教名稱的標示角度，這些正是五教判的特色所在。

五教中的「頓教」與禪宗的頓悟思想

智儼的頓教，在《搜玄記．卷一》有「頓悟一乘」的說法，從其前後文字的考據上來看，其來源顯然是出自於淨影寺慧遠。智儼在《孔目章》的五教判中，依《維摩經》的「維摩默然」，設立了「不可說」的頓教，後又被法藏以《楞伽經》、《思益經》來詮釋。

這種型態的頓教，若從中國佛教思想史的淵源上看，頓悟「不可說」之義，從晉代以來就多有論及，最為著稱的首推道生的「大頓悟」之說，以及後來禪宗的頓悟本心之說。

道生於《法華經疏．卷二》，有一段關於頓悟與言說的關係之辨：

> 得無生法忍，實悟之徒，豈須言哉！……夫未見理時，必須言津；既見於理，何用言為？其猶筌蹄以求魚菟，魚菟既獲，筌蹄何施？

引文中「得魚忘筌」之說來自《莊子．外物篇》與魏晉玄學。道生主張頓悟則言息，這正同於維摩默然之理。道生之後，「不可說」已經成為中國佛教的常談。

智儼五教判的特殊之處，在於將「不可說」安立為頓教。澄觀在《華嚴經隨疏鈔．卷八》中認為，這是為了判攝禪宗的安排：

> 賢首意云：「天台四教絕言，並令亡筌會旨。今欲頓詮言絕之理，別為一類之機，不有此門逗機不足。」即順禪宗者，達摩以心傳心，正是斯教。若不指一言以直說即心是佛，何由可傳？故寄無言以言，直詮絕言之理，教亦明矣。故南北宗禪，不出頓教也。

澄觀認為，華嚴五教判的「頓教」是特別針對禪宗而立的；在判教中若不安立頓教，則逗機不足。坂本幸男在《華嚴教學之研究》卻認為：「法藏等的頓教，未必是預想著禪宗，寧是就經典中的遮詮作表現而說。這偶因著澄觀和宗密，學禪宗的關係上，不得脫離了禪宗的影響，所以特將頓教配於禪宗。」

古之澄觀與今之坂本幸男，都是以法藏為安立華嚴五教判中的頓教而論其原因；其實，這本應先追溯到智儼。在智儼、法藏的著述中，並無提及禪宗；所以，此問題只能從當時禪宗的相關資料來推測。

智儼與禪宗五祖弘忍（六〇二至六七五年）近乎是同時代的人，在弘忍門下的禪宗已經頗為興盛。洪修平於《禪宗思想的形成與發展》指出，在弘忍之後，其門下分頭弘化「頓悟心性說」，在各系之中均已初露端倪；所以，在弘忍之時，應該就已經有了以「頓入一乘」、「傳不可言」的教法來開示禪者，致使其門下各系都有頓悟之說。若果如此，則智儼晚年特別將「頓悟一乘」的不可說義立為頓教，也極可能是受到了禪宗的影響。

智儼多處舉引《維摩經》中「維摩默然而立」為不可說之頓教；法藏承此

義而開展，指出頓教階位乃頓超，不同於漸教，並引《楞伽經》、《思益經》等為證；這種說法，應該是參照了北地禪師所說的「大乘無相教」。到了澄觀時，禪宗盛行，澄觀又說安立頓教是為了收攝禪宗之機；於是，頓教的教示方法，由默然不可說，大為擴張到禪意的說示。

進而，宗密針對禪宗，在《禪源諸詮集都序》中立「三宗三教」之說，將禪宗分為「息妄修心宗、泯絕無寄宗、直顯心性宗」等三宗，又將三宗的風格分別應合於「密義依性說相教、密義破相顯性教、顯示真心即性教」；其實，這三教就是大乘三大系統的「唯識、性空、真常」之教。宗密將原本不可說的頓教，配合禪宗與教理，充分發展出三大類型。至此，華嚴宗判教架構中最為特殊的頓教，才從原先僅能以「不可說」表示，真正地充分開展出來，華嚴宗的五教判至此可謂是充極完成了。唐相裴休在其所書的宗密《禪源諸詮集都序》的前序中盛讚宗密，也有類似的觀點；於此借用他的話，增刪數個字詞以讚智儼至宗密五教判的詮釋：

自世尊（改智儼）演（五）教至今日，（宗密開頓）會（禪教）而通之，（五教）能事方畢。

判教可說是中國佛教的一大特色；在南北朝、隋唐時代形成了高達二十家以上的判教，判教大局到此可說是大致底定。中國傳統佛教的判教中，以天台宗智顗的「五時八教」與華嚴宗法藏的「五教十宗」是為著名的代表。法藏的五教判是將智儼的判教定型化所形成的，五教的名義與結構都是來自智儼；所以，智儼在中國佛教的判教發展中實居重要地位。

判教的發展也反映出時代的氛圍：

一、在分裂多國的南北朝時期，中國人消化佛教形成的十多種局部、以偏概全、不夠圓熟的判教，「南三北七」便顯露出此一「多元局部」的面貌。

二、隋朝統一南北，醞釀已久的多種南北判教也到了須要統合彙整之時。智顗歸宗「會三歸一」的《法華經》，創「五時八教」判，便表現出多元到統合的「會歸統合」的趨勢。

三、唐代盛世融合了多元文化，智儼、法藏宗尚表現「佛境界」的《華嚴經》，創立「五教十宗」的教判，正是展現出符應大唐文明的「高廣圓融」之氣魄。

判教的與時俱進，可說是反映出緣起的共感共鳴。

第七章　從預知示寂到暫往西方

儼自覺遷神之候，告門人曰：「吾此幻軀從緣無性，今當暫往淨方，後遊蓮華藏世界。汝等隨我，亦同此志。」

唐高宗總章元年（六六八年）十月，智儼六十七歲。某日，夜夢寺院的般若臺忽然傾倒；智儼門人慧曉亦做一夢，夢到一座經幢高入雲霄，幢頂有一寶珠，珠光明亮如日中太陽，光輝奪目，經幢漸往長安京城移入，但高幢一入京城便傾倒。

智儼觀察自己及弟子的夢兆，知道這是即將示寂的徵兆，隨即告示門人：「我這身軀即將幻滅，一切都是緣起無性。我入滅後，暫往西方淨土，後遊蓮華藏世界，汝等當隨我同此心志！」

一生研析、歸宗於華嚴的智儼，臨終卻告示門人，他將先暫往西方阿彌陀佛淨土，並要弟子同此心志，亦同發願往生西方。專弘華嚴的智儼，為何不是發願直接去《華嚴經》的理想世界——蓮華藏世界？反而是先去淨土宗專弘的阿彌陀佛淨土？智儼思想中，往生西方的思想是從何而來？西方淨土與華藏世界又有何關聯？

往生西方淨土的思想淵源

《六十華嚴》及《八十華嚴》在〈壽量品〉、〈入法界品〉等處略有提及西方極樂（安樂）世界，但並沒有特別推重彌陀淨土的經文。而彌陀淨土與華藏世界有何關係？《六十華嚴・盧舍那佛品》、《八十華嚴・華藏世界品》中述及圓滿報身佛的「蓮華藏世界」——一個含容無數佛剎微塵的世界，我們所居的娑婆世界與西方淨土都在其中。智儼在《孔目章・卷四・壽命品內明往生義》中提到：

> 若依一乘，阿彌陀土，屬世界海攝。何以故？為近引初機，成信教境。真實佛國，圓融不可說故。

智儼闡述，西方淨土在華藏世界海中，這是為了親近、接引初機而如此宣說，佛國境界其實是圓融不可說的。

早期除了淨土宗專弘往生極樂淨土之外，天台宗、地論宗等也都有兼弘淨土。而華嚴經系談到「導歸極樂」的經文，是到中唐以後譯出的四十卷《華嚴經》（七九八年譯）才明文開演，其最後一卷以「普賢十大願王」為主，其中有「導歸極樂」的內容，這是以往六十卷、八十卷《華嚴經》所沒有的：

> 唯此願王不相捨離，於一切時，引導其前，一剎那中，即得往生（歸）極樂世界。到已即見阿彌陀佛……（是人）廣能利益一切眾生。善男子！彼諸眾生，若聞若信此大願王，受持讀誦，廣為人說……能於煩惱大苦海中，拔濟眾生，令其出離，皆得往生阿彌陀佛極樂世界。

這段經文顯示出《四十華嚴》極力推薦往生西方，以此作為進入真實法界的方便階道。華嚴五祖宗密在《華嚴經行願品疏鈔》中說：「但聞十方皆妙，此彼融通，初心忙忙（茫茫），無所依託，故方便引之。」

但是，在智儼、法藏的時代，《四十華嚴》尚未傳譯到中國，而智儼、法藏皆已發願往生西方淨土；如此看來，智儼發願生西的思想，並非來自華嚴經系。若從其師承來看：南道地論派中的慧光、道憑等，皆發願往生西方；靈裕和淨影寺慧遠，更有《觀無量壽經義疏》；而淨土宗集大成的善導大師（六一三至六八一年），常住於終南山與長安，與智儼的時空環境有著相近的關係。

由上種種，智儼、法藏的願生西方，應是受到淨土經論、淨土宗與師承的影響。

暫生西方，遍遊華藏

智儼在《孔目章．卷四．壽命品內明往生義》中，就有引《阿彌陀經》、《觀無量壽經》、《往生論》等淨土經論，闡明往生阿彌陀佛的西方極樂淨土的法門，如：「依十六觀及九品生」、「念阿彌陀，一日乃至七日，驗得往生。」在在說明往生西方彌陀淨土的內容。

依佛教說，因緣具足的「凡夫」，即可往生西方淨土；但要親證《華嚴經》所說的華藏世界，則須超凡入聖、分證佛境界的法身大士。如智儼在〈壽命品內明往生義〉中說：

第六往生人位分齊者。大位為其十解已前，信位之中，成十善法，正修行者，是其教家正所為之位。何以故？為此位中防退失故，及退滅故，并廢退故。十解已上，無上三退，教即不為。此據終教說。……若約頓教及圓教，在信位終心自分已還，是所為位。頓教及圓教，雖無相遲疾異，而約終教辨，其見聞約成多少，仍理自不同。

智儼此文說明，往生淨土的教說主要是為了會退轉者，這是屬於尚未證入法身的凡夫位，這應該也是智儼自身所示現的位階。

智儼在〈壽命品內明往生義〉中強調，在穢土中易退轉，往生淨土的重要就在於能得不退；在不退的基礎上，才能更進一步的入佛境界：

從此已後，展轉增勝，生無邊佛土，至普賢界，還來入彼蓮華藏世界海，成起化之用。此據極終入宅之言。

因此，智儼先求往生西方淨土，作為證入華藏世界的跳板，這種思想和後來譯出的《四十華嚴》如出一轍。可說，智儼是已預先兆示《華嚴經》確實需要有「導歸極樂」作為度眾的方便法門。

唐高宗總章元年十月二十九日夜晚，智儼神色如常，右脅而臥，示寂於清淨寺。圓寂之時，有淨土行者於當天夜裡，聽到空中西邊的方向有妙樂之音，須臾還返，心想：這是大福德之人往生西方的徵驗。一早詢問，原來是智儼大師圓寂，世壽六十七。

智儼示現先往生阿彌陀佛淨土，再遊毘盧遮那佛的蓮華藏世界，無疑是給末法時代的華嚴行者的極佳示範。

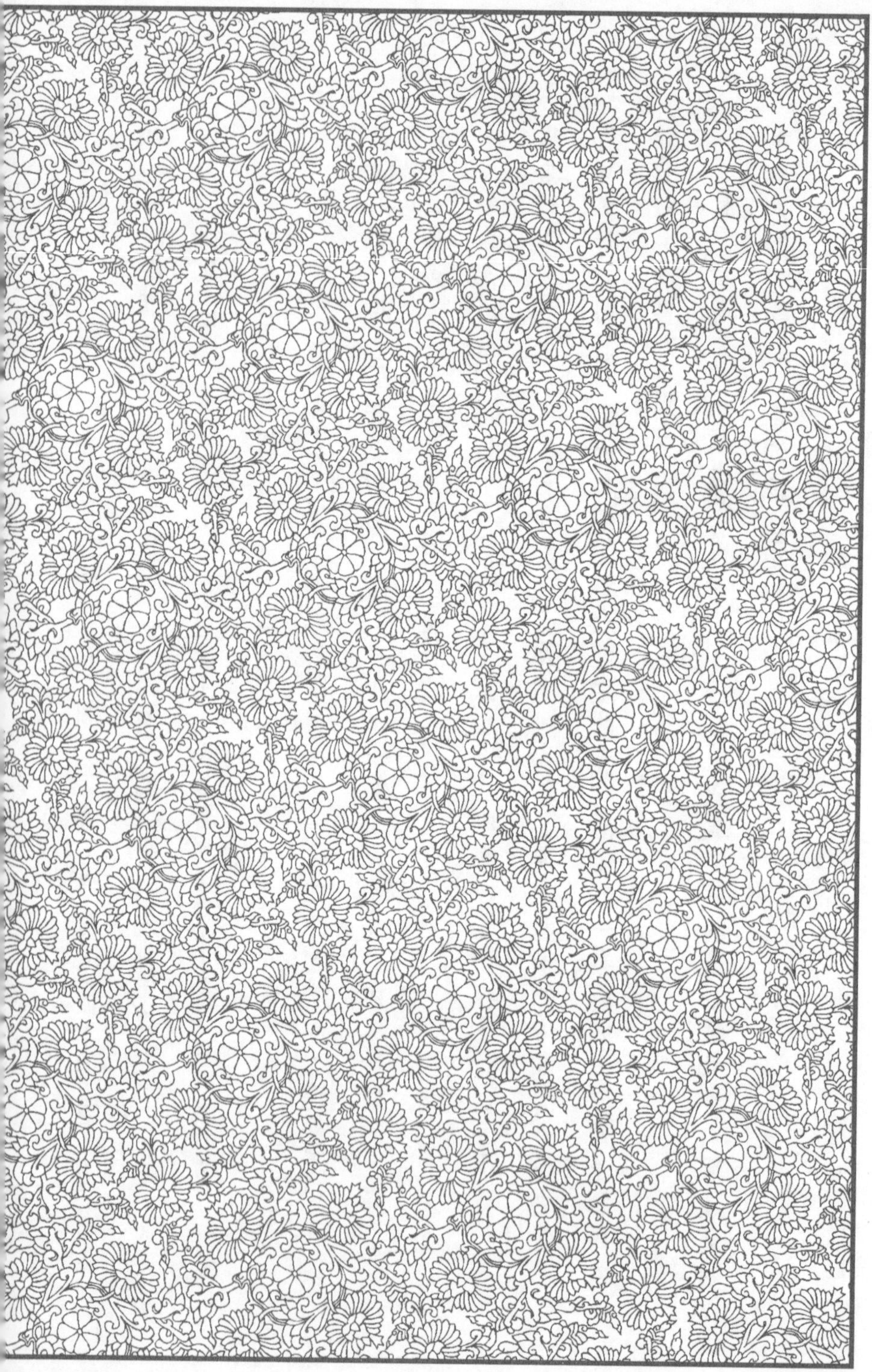

影響

壹．開創華嚴宗：智儼的生命精神和學問性格

師於雲華寺中講《華嚴》，宗風大振，名徧寰內，緇素道俗，咸皆歸禮。

智儼少年時在終南山的至相寺常住，直到晚年於長安大倡華嚴宗風，一生幾乎都處於大唐京畿附近的文化薈萃、名僧往來之地；這也造就了他廣學多聞的機運，終能從吸收、消化各種學說之中，創建與大唐富麗文明相輝映的圓教華嚴宗。

實際創教，已成體系

綜觀智儼的生平，可劃分為三期，這三期也顯示出華嚴宗初期的創宗過程：

一、**多師廣學期**：智儼十二歲時，被神僧杜順帶往終南山至相寺，之後跟隨達法師誦持經教、二梵僧習梵文。後在攝論學派的法常下學習《攝論》，又有靈辨的徵研，再到靜琳下廣學徵心。決定歸宗《華嚴經》之後，於地論學派的智正下聽研《華嚴》。智儼早年就已師出多門、於高僧處廣學多聞，又熟悉梵文，精研《攝論》，歸宗《華嚴》，聰慧過人，「經書過目，成誦不忘」，被譽為「天縱哲人」。

二、**立宗潛沉期**：二十七歲受異僧指點，靜思《華嚴經．十地品》的「六相」之義，遂大啟悟，作《搜玄記》；此書無論是從著述、或教義上說，皆是華嚴宗的立教開宗之作。之後，潛沉約三十年，應是在至相寺教學著述，關注於自身的修學，以及到鄉川化導民眾！

三、**大振宗風期**：五十八歲後，在各方的延請之下，開始弘法講學事業，作《要問答》、《孔目章》，創立五教判，闡揚《華嚴經》，大振宗風，名望高隆，並積極回應玄奘新傳譯的唯識學。

另就宗教神異來看，智儼一生也有些感應事蹟：靈夢誕生、宿植善根、杜順來認、異僧指點、講經奇瑞、夢佛治病、祈夢印可、預夢時至、天樂迎去。

智儼的著作，據法藏言有二十餘部。日本的《圓超錄》、《永超錄》、《凝然錄》與高麗的《義天錄》等四部經錄當中，共載有十六部智儼的著作，論述範圍廣及般若、唯識、真常心等方面的經論。

但據木村清孝、吉美羅（Robert M. Gimello）等人的考察和析論，認為日、韓經錄所載的十六部當中，只有《搜玄記》、《要問答》、《孔目章》、《十玄門》、《金剛經略疏》、《無性釋攝論疏》（僅殘存少部分）與《供養十門儀式》（現不存）等七書，是智儼的真撰。這七部中，《十玄門》是否為智儼撰，頗有爭議；在諸經錄與資料中多記載，此書是智儼承杜順之說所撰。

早期研究華嚴的學者，大致認為，智儼是介於開宗者杜順與大成者法藏之間的過渡者、聯結者，多半忽視智儼本身的研究。

後經學者考察，初祖杜順的可靠資料過少，在華嚴教義的形成方面，杜順的實際貢獻難以確切掌握。又經鈴木宗忠、鎌田茂雄、木村清孝、吉美羅等人的探究，約從一九六〇年起，智儼在形成華嚴宗上的重要性，才漸為學界所知；同時，在日本華嚴學的研究中，智儼思想也成為了熱門的課題。在臺灣與大陸學界，約從一九九五年起，於華嚴學的研究上，也與日本相呼應地強調出智儼的重要性。

若論智儼在華嚴宗的地位，魏道儒在《中國華嚴宗通史》中說：

> 在智儼之前，諸派華嚴僧人已建立了穩定的研究和傳教基地；到了智儼，基本完成了自成體系的學說，並為後繼者所接受。從這個意義上講，智儼是華嚴宗的實際創教者；被奉為華嚴初祖的法順，則是華嚴宗的主要先驅者之一。

魏道儒的評論，特別看重學說的創建，而非後繼者在體系、論理上的精密、完善；所以，他在《中國華嚴宗通史》中又認為，華嚴宗概念體系的框架，智儼已基本建成，之後的法藏、李通玄和澄觀等人，只是在這個基礎上稍事增添而已。智儼的後繼者更重要的創造工作，是對諸多概念的重新定義和對範疇系統的調整。

華嚴宗能在盛唐蔚為一大宗派，智儼在華嚴教義上創建的雛型，實為功不可沒。作為華嚴開宗立教的教義創建者，智儼是如何造就華嚴宗的形成？又如何被華嚴後人繼承與發展？其生命精神和學問方向歸納如下。

弘解行持，歸宗《華嚴》

弘揚、註解、行持《華嚴經》，是智儼生命的核心與學問的主流——

一、**就生平而言**：智儼青年時即歸宗於《華嚴經》，於參研〈十地品〉的「六相」之義獲得大啟悟之後，卻因政治上遇到尊道抑佛時期而難以暢快弘宣，晚唐新羅人崔致遠（八五七年至十世紀）在〈法藏和尚傳〉中談到智儼時言：

「每嗟大教（華嚴）久阻中興」。

直到晚年，高宗崇佛，因緣際會而能大振華嚴宗風，法藏、義相投入門下，研習華嚴，使華嚴宗盛極一時。智儼臨終發願「暫往淨方，後遊蓮華藏世界」，其導歸極樂雖是受淨土宗影響，卻與後出的《四十華嚴》相呼應；而蓮華藏世界乃《華嚴經》中的理想世界，也是智儼心中究竟的理想歸宿。

二、**就著作而言**：智儼現存的主要著作有四：《搜玄記》、《要問答》、《孔目章》、《十玄門》，都是闡釋《華嚴經》的論述。其中，若除去承杜順之說而撰寫的《十玄門》，另外三部著作皆偏向於注釋經文，這是智儼現存著作中的一大特色。或許，智儼看重經典本身，並不注重在《華嚴經》之外去建構、發展出另一套自成體系的理論。

這也是中國傳統文化的特色。中村元在《東方民族的思維方法》中談到，中國傳統文化尚古、保守、重經，愛好經典注釋，創作並不發達，這種傾向也支配了佛教學者。

不過，由於中國佛學受到印度的影響，有些敘述是較體系化和概括化的；例如，法藏的重要代表作《五教章》，這是獨立性、系統性的論著。而智儼的著作仍是以註經為主，在註經之中闡發他的見解。

三、**經論互補**：在「經通論別」的詮釋下，經義常隨論釋的不同而見其差別。智儼在詮釋《華嚴經》上，常引用其他經論說明《華嚴經》中未言明之意，以《華嚴經》統合諸經論，「經論互補」是其常用的方法。在《要問答》、《孔目章》中，智儼常以設問的方式闡釋經義，但是其所解釋的經義，往往在經文方面只有簡單的提示、線索，並不足以證成釋義，而釋義多半是藉由其他經論與智儼自己所抉擇的立場而定，不見得是經文的原意。

廣學博引，彰顯《華嚴》

智儼博通經論，《要問答》、《孔目章》中引用高達約七十部經論。智儼晚年所著的《孔目章》引用了印度經論四十八種，引用較多的有：《華嚴經》五十二次居冠；其次引用《攝論》與世親《攝論釋》共二十八次，無性《攝論釋》二次；《地論》十七次，《十住經》五次。

另外，在《要問答》中，對《攝論》、《地論》也常引用，顯示出智儼早年在攝論學派、地論學派的學習背景。《維摩經》引用九次，《法華經》七次，這與判教密切相關：《維摩經》強烈呵小褒大，《法華經》暢明會三歸一。此外，《地持經（論）》（《瑜伽論》的部分異譯）、《瑜伽論》、《雜集論（對法論）》（《瑜伽論》的綱目書）都引用六次，顯示智儼對唯識思想的注意。

智儼論學，慣於旁徵博引，並常以判教模式區分教義層級，如《要問答》中，幾乎每一問答都運用了小乘、三乘、一乘的三教判。《孔目章》的多數論題中，也都使用判教，其用意在藉由客觀周延的對比參照，襯顯出華嚴一乘文義的高廣。

此外，智儼引用的經論大都屬於印度著作，他對中國人的論著甚少引用，但承襲慧光、慧遠的思想頗多。有時候即使運用古德著述，也未標明出處，這可從三方面理解：

一、**佛教界的著作習慣**：中日佛教界的傳統著述，作者混合、吸收或精製他人的著述，常未明顯告知。

二、**智儼的著作風格**：智儼著述精簡扼要；或許，他認為在中國的新學說已儼然形成了一套套五花八門、繁多雜亂的迷宮，對於這些角度、立場不同的新說，若要涉入其中，必得花費許多筆墨來評析一番，甚至要有一大套複雜的綜理體系。與其多做議論，智儼就只常用他所從學的攝論派、地論派的學說來弘揚《華嚴經》；但並不宜說智儼不知道其他學說，畢竟智儼相當博學多聞。

三、**弘揚《華嚴經》**：中國佛教界錯綜複雜的新說，若涉入辯駁，則太過繁雜，有時候反而會對研讀佛經徒增困擾，尤其是智儼正處於初創華嚴宗教義的建立階段。

隨機指點，靈活不定

智儼並不像智顗、法藏等人有構造宏大理論體系的風格；相對於此，他表現出隨機指點、靈活不定、精簡扼要的特性。契理契機的「隨緣說」，本是佛門說法的重要原則，而這也可以是一種特殊的風格，智儼即高度表現出相應於「隨緣說」的隨機指點與靈活不定的風格。

若從著作體裁來看，《要問答》與《孔目章》皆偏向於隨機指點經義，並不將其中的各種論點，架構成嚴整體系。若從智儼早年到晚期的判教來看，展現出強烈的變動性與隨機指點性；當然，其中也反映出智儼的判教在尚未成熟中的逐漸發展；但在另一方面，這應該也和他的著述風格有關。例如，在《孔目章》中，智儼的五教判架構已臻至圓熟，但其名稱卻仍然不固定，這裡就透露出智儼「隨機說」的風格。

文簡義豐，新奇難懂

法藏形容智儼的著述風格言：

儼所撰義疏，解諸經論，凡二十餘部，皆簡略章句，剖曜新奇，故得其門寮其寡矣。

但以和尚章疏，義豐文簡，致令後人多難趣入，是以具錄微言妙旨，勒成義記。

智儼著作文簡義豐、新奇難懂，所以法藏撰《探玄記》等著作以收錄並發揮智儼的「微言妙旨」，讓人比較容易趣入其「文簡義豐」的著作之中。確實，智儼的著作往往必須參照法藏的相關論述，才易理解。

天縱哲人，藻思多能

智儼青年時期，就被譽為「天縱哲人」；此外，他依《華嚴經》自造了「蓮華藏世界圖」。法藏在《華嚴經傳記．卷三》評讚道：

> 然其精練庶事，藻思多能，造蓮華藏世界圖一鋪；蓋葱河之左，古今未聞也。

智儼的「蓮華藏世界圖」，以具體的圖像方式呈現文字經典的世界，對不識字的芸芸大眾來說，不啻是認識《華嚴經》的善巧法門。此一善巧顯示出，智儼的創造性不止發揮在義學上，還發想在藝術的造詣上，其才華之洋溢可見一斑。

綜觀智儼的著作有二十餘部，其中開創了華嚴宗學，並具有隨機指點、文簡義豐、新奇難懂等之特色；又依據《華嚴經》創作了新穎的蓮華藏世界圖，足見其「藻思多能」、天才橫溢。

由上綜述可知，智儼博通經論、藻思多能，故能創建出豐富高明的華嚴圓教思想。近代之中外學者皆也指出，智儼建立了華嚴宗教義的雛型，他是華嚴立教開宗的奠基者，不可只視之為無足輕重的過渡者；而法藏的大成，其實是立基於智儼奠定的基礎之上。

不過，智儼初創華嚴宗，雖然他本身的思想高明，但在表現華嚴教義上，也反映出草創時期未能加以妥善統整的風貌；法藏則繼承智儼的思想，統整、集成，並加以發揚光大。

貳・光大華嚴宗：弟子龍象之承繼與發揚

時智儼法師於雲華寺講《華嚴經》，藏於中夜忽覩神光來燭庭宇，迺歎曰：「當有異人弘揚大教。」

法藏：華嚴學大成典範

賢首法藏（西元六四三至七一二年），或稱「康藏國師」，唐帝別封「國一法師」。祖先為康居（新疆北境至俄屬中亞一帶）人，祖父時遷移至長安，唐太宗賜贈其父為左侍中，為當時的名門望族。

法藏十六歲時，燃指供佛，發願契悟佛乘。十七歲到終南山求法，讀遍各類佛教典籍。一日，法藏驚見神光照耀庭宇，尋光源走到了雲華寺，當時智儼正在寺中講《華嚴經》，法藏「飡儼之妙解，以為真吾師也。」（引自〈法藏和尚傳〉，以下皆同。）

智儼當時六十歲（龍朔元年，西元六六一年），是名震長安佛學界的華嚴大師；法藏禮為弟子，投入門下學習華嚴奧旨。前後數年間，法藏深能體會智儼所闡釋的華嚴妙意；而智儼也讚歎法藏是「親窺室奧」的弟子，並視法藏為囑意傳人。之後，法藏「後發前至，高超二運」，果真繼承並發揚智儼之學，是華嚴宗大成的代表人物。

唐高宗總章元年（六六八年），法藏二十六歲，尚未出家，智儼此年即將圓寂前，付囑弟子道成、薄塵，謂：「紹隆遺法，其惟是人。」並提醒弟子在合乎制度下，讓法藏圓頂。

高宗咸亨元年（六七〇年），法藏二十八歲。武則天為廣植福田，建太原寺；道成、薄塵等京城耆德連狀舉薦，法藏受敕於太原寺出家，受沙彌戒，並奉詔為太原寺主持，於太原寺與雲華寺講演《華嚴經》，聲名遠播。

高宗上元元年（六七四年），武則天命京城十大德為法藏授具足戒，並賜

《華嚴經》中「賢首」菩薩的名號。法藏奉武則天召請，隨時入宮於道場講經說法。自此，法藏頻繁參與翻譯、弘法和著述。

武后聖曆二年（六九九年），法藏受詔在洛陽佛授記寺宣講《華嚴經》，前後講新舊《華嚴經》三十餘遍，中宗、睿宗都禮請他作菩薩戒師。

玄宗先天元年（七一二年）十一月十四日，於西京大薦福寺吉祥而逝，世壽七十。

法藏作為智儼「親窺室奧」的弟子，並被視為「紹隆遺法」的囑意傳人，法藏果真不負智儼所望，承繼並發展智儼的華嚴思想並推向顛峰。例如，智儼對華嚴教義的論述方式，常帶有隨機不定、缺乏體系、言簡義豐、難以讀懂的特質，表現出華嚴宗教義草創階段的風貌；但是，經由法藏的綜理與闡揚，則呈顯出華嚴宗教義的體系綱要與表述細緻的面貌。由法藏所著《華嚴一乘教義分齊章》（簡稱《五教章》），即可見其架構闡繹智儼的華嚴學；此書為法藏早期的著作，後來也成為華嚴宗教義的代表性概論書。

又如，智儼以《搜玄記》註解《華嚴經》；此書因為難讀，所以法藏又作了《探玄記》來補充與發揮，使《搜玄記》的華嚴奧義豁顯開來，更形完備。法藏的諸多著作，依循、闡發智儼的學說之處，不勝枚舉，底下略舉要例，以見一斑。

同體異體、因門六義、六相圓融

智儼在同體異體、因門六義、理事六相等的圓融理則上，大體表現出分述的格局，並未明確指出其間的內在關聯。

法藏在《探玄記》中以「緣起相由」十門發揮「同體異體」義，對六義、六相也多所發展（分見「示現」第二章攝論、第三章地論學派之處），又透過體用、緣、一多的概念，展現出整合同體異體、六義六相的格局。

建立唯識

智儼在《要問答》與《孔目章》中，對唯識思想的論列相當豐富與系統化，尤以〈立唯識章〉為代表作。

法藏《五教章》的心識之說，大體上是依據智儼之說而精簡扼要地表述，其最後說：「其餘義門，如（智儼）〈唯識章〉說」，這與一般法藏對智儼之說會多加闡釋大為不同。大概是因為，智儼的唯識說已經相當體系化，而且多涉及唯識學內部的細節；若以華嚴宗的立場來看，法藏想必認為不必再多說什麼了。

另外，據記載，法藏撰有《唯識章》，但今已佚失。

意識唯識

智儼在《搜玄記》、《要問答》、《孔目章》都有「意識唯識」之說，可見智儼頗為重視此說。「意識唯識」在《攝論》、《攝論釋》中有提及，智儼特別依據行門提出，其意在「真妄和合」的識中，於實踐上必須藉由意識而歸真，豁顯出意識居轉識成智上的關鍵性。

意識唯識之說，後來似乎只有在法藏的《華嚴經問答》出現過。法藏將「梨耶唯識」指定為真識，「意識唯識」為妄識，依真妄分，不是依解行分，這與智儼的意趣不同。所以，智儼的「意識唯識」（行唯識）之說，其實未被法藏等後人採用。

何以如此？或許，強調「行唯識」是「意識唯識」，傾向於「妄心觀」，所以法藏才會說「意識唯識，即以妄識為（觀）體」。「意識唯識」較相應於天台宗觀照意識的「一念無明（即）法性心」的妄心觀，卻不相應於後來華嚴宗、禪宗注重的「真心觀」，如法藏說頓教是「一念（妄心）不生」、「理性（真心）頓顯」，這在智儼的著作中尚未如此鮮明。

判教的建立

一、五教十宗判

智儼在其最晚期的《孔目章》中所建構的五教判：小教、初（始）教、終教（熟）、頓教、圓教（一乘），應該是綜合了《華嚴》等諸經、天台判教與攝地論兩種三教判的創作；不過，五教判的名稱、分類並不固定。

法藏的《五教章》在建立五教之前，先闡述了前賢的十家判教；廣述前賢判教是智儼判教中所缺乏的。之後，法藏採取了文字對稱性最高、最中國化、也是智儼常用的始、終二字，形成「小、始、終、頓、圓」的固定名稱，成為華嚴宗的判教典範；這也導致，一般在羅列諸家判教之時，根本忽略了智儼判教的存在，而都直接列出法藏的五教判。不過，《五教章》中，也略有兼用智儼的初教、熟教的名稱。

法藏吸收窺基的八宗判另成十宗，並對唯識、《解深密經》「性相融會」，而將五教開展為十宗。十宗的後三宗其實就是終教、頓教、圓教，名為「真德不空宗」、「相想俱絕宗」、「圓明俱德宗」，其文字也是源自於智儼的用詞。

此外，法藏也從其他角度論述多種判教；在這些複雜的架構中，仍以五教十宗最具代表性，又以五教為基礎核心，而可將其他的架構攝入此中，成為華嚴宗的判教典範。智顗的「五時八教判」集南北朝的判教大成，而法藏的「五教十宗判」，綜合攝論學派、地論學派、天台宗、唯識宗、頓悟之教，可說是繼智顗之後、隋唐總階段性的判教高峰，是中國佛教的第二次代表性判教。

二、五教判未列人天教

智儼的五教判共見有十三處，其中有六處列出人天教。法藏雖也繼承了智儼對人天教的看法，如《探玄記．卷八》附錄智儼《孔目章．第八迴向真如章》中有「人天正善根」亦通真如的重要思想；但他在《五教章》固定模式的判教中，並未將人天教別列出來。可見，法藏對智儼的人天教說並未有相應的重視，否則《五教章》或許應為《六教章》了。

智儼列出人天教說的深層結構，在慧苑與宗密的判教中得到了呼應。而人天教的問題，在現代太虛提倡的人生佛教中又被提出，反映出這其實是個極有意義的課題。

《華嚴經》教判

法藏在《五教章．卷一》，將一乘別教定位在《華嚴經》；他也引《法華經》之「火宅喻」的「會三歸一」來表示「別教一乘，別於三乘」。《探玄記．卷一》也說：

> 或分為四……一別教小乘；二同教三乘，如《深密》等；三同教一乘，如《法華》等；四別教一乘，如《華嚴》等。……此上五教，非局判經，但多分而論。

指出《華嚴經》正唯為一乘別教，並說五教經典的部類歸屬，只是依經中多分而論。《五教章》又指出《華嚴經》本身也含一乘同教的內容，如經中「十眼」、「十通」中也包含三乘的「五眼」、「六通」等法相，但義理皆別，同、別兩宗交接連綴，引攝三乘令入別教一乘。這些基本說法，全部繼承智儼，並將智儼的雜散論點，加以統觀整理，形成體系嚴密的明確說法。

唯識宗的定位

受到唯識宗發展、興盛的影響，法藏融合了窺基的八宗判教，形成十宗。《五教章》中又有「性（真常心性）相（唯識）融會」的表現，空宗在唯識之上，另有「四宗判」也是如此。

《十二門論》是空宗的精要論典，法藏在註解此論時，促使其仔細思考空有之爭的問題；法藏在《十二門論宗致義記》中，以契機、契理兩方面安排唯識與空宗。其說唯識宗的三時判，分別攝小乘、大乘（空宗）、兼大小乘（唯識）；唯識宗依「攝機」之廣故，是為了義說。空宗的三時判，分別為有、境空心有、空，此乃依「理」的顯了次第。

在此，法藏明確依據顯示真理的層級，將空宗置於唯識宗之上。一般有說，法藏之時唯識宗大盛，法藏採取「性相融會」；澄觀之時唯識宗沒落，澄觀則「性相決判」。不過，據《十二門論宗致義記》，其實法藏也已在真理層級上作出「性相決判」了。終究說來，華嚴宗是一致認為空宗高於唯識宗，並將唯識宗並列於始教空義之中。

「頓教」的開顯

智儼以「不可說」定義頓教，敘述甚簡；而法藏、宗密則多所補充與發揮。法藏闡繹智儼的頓教時引用《楞伽經》的頓教說，並指出頓教的「頓超」之獨特教義：終教「不可說」的法性是建立在「可說」的法相差別、次第之理中；換言之，就法相來說是可說的，但若就性相融鎔不二而言，則不可說。而頓教則認為，法相的差別、次第之理也不可說，說即是顛倒，所以否定、超越了差別漸次之理；這個否定，並不是說漸教純為虛構，而是指漸教並非究竟的真理觀。如此，頓教即有了不同於漸教與圓教的法義特色。

雖然漸、頓、圓三教都具是真心思想；但是，漸教中的終教階位漸次，而圓教則有階位圓融之說，兩教皆不同於頓教的不立階位之理。

宗密進而對頓教（禪宗）的表達方式有「三宗三教」之說，這使得華嚴宗的頓教之說，在抽象理論與實際指涉上，都達到了相當充分、完滿的境地。至此，華嚴宗判教架構中最為特殊的頓教，才從原先僅能以「不可說」表示而充分地開展出來。華嚴宗的五教判，到此才充極完成。

從智儼到法藏，可以看到初期創建到發展大成之間的顯著區別。智儼的學說，創造性與過渡性都很顯著；雖然他本身的思想高明，但在表現華嚴教義上，則反映出草創時期未加妥善統整的風貌。法藏的學說，是華嚴宗教義的大成典範；華嚴學從法藏的《五教章》起，可謂已跨過了初期的草創階段、轉而進入成熟的大成階段。不過，若要追究創建這些理論的曲折紆迴過程，就得回溯到智儼；從中可明顯看到，原初的洞見與披荊斬棘的奠基歷程。

義相：韓國華嚴宗初祖

義相（或寫為「義湘」，六二五至七〇二年）俗姓金氏，於真平王四十七年，生於新羅國的王族家庭。善德女王十三年（六四四年），義相十九歲，於慶州皇福寺出家，聞大唐佛教隆盛，即立志前往大唐求法。

真德女王四年（六五〇年），義相二十六歲，與同學元曉到中國留學。在遼東邊境時，為高句麗所阻，被認為是間諜而囚禁數十天，之後遣送回國。

文武王元年（六六一年），義相三十七歲，他與元曉再度入唐，兩人前往海門唐州準備渡海。因緣際會之下，元曉感悟：「三界唯心，萬法唯識，別無心外之法可求！」於是辭別義相，攜囊返國。而義相未捨初心，依然決定入唐求法。

隔年，義相順利抵華，於智儼六十一歲（六六二年）拜於門下。據《朝鮮佛教通史》記載，義相到來前夕，智儼夢見一棵大樹生於海東，上有鳳巢，枝葉繁茂廣大，庇蔭神州。智儼前往觀看，發現有一顆摩尼寶珠，晶瑩剔透，光明遠照。醒來之後深感奇異，便囑咐門徒灑掃以待。義相一到，至相寺全體大眾以禮相迎，智儼開示門徒大眾：「我昨夜的夢境，是義相前來皈投的吉兆。」於是許為入室弟子，授以華嚴妙旨。

義相追隨智儼學習華嚴，深得智儼賞識，讚賞他精於義持求道，於是封義相「義持」之號。智儼圓寂後，義相鑽研華嚴不輟，受到同門的愛戴，並繼承智儼的講主地位。

然而，當時適逢新羅國與唐朝敵對，唐高宗準備親征新羅；義相為了傳訊示警，匆匆將講主的地位讓給尚未圓頂的法藏。文武王十一年（六七一年），義相四十七歲，倉促返國之後，便在全國各地開始弘法事業。

文武王十六年（六七六年），文武王勅命創建浮石寺，作為新羅華嚴宗的根本道場；義相於浮石寺開演華嚴一乘教義，發展教團。之後，前往中嶽公山美理寺、南嶽智異山華嚴寺、伽耶山海印寺、伽耶峽普願寺、鳥龍山岬寺、雞籃山華山寺、金井山梵魚寺、毘瑟山玉泉寺、母山國神寺及負兒山青潭寺等「華嚴十剎」，整頓教學。

隨著教團的逐漸擴張，義相門下形成浮石宗，又名義持宗，與元曉的芬皇宗分庭抗禮，成為海東華嚴宗的一大派別。

義相的門徒有三千餘人，其中真定、相源、良圓、表訓、真藏、悟真、道融、能仁、智通、義寂等，號稱「義相十哲」。

義相著作有《華嚴一乘法界圖記》、《白花道場發願門》、《入法界品鈔記》、《華嚴十門看法觀》、《阿彌陀經義記》、《諸般請文》等。《華嚴一乘法界圖記》是《法界圖記》和《略疏》的合輯，內容記述華嚴圓教宗要；韓國佛教的儀式中，至今仍以持誦《法界圖》中的〈法性偈〉作為迴向，可見其重要性。

孝昭王元年（七〇二年），義相圓寂，世壽七十八。

義相是韓國最早赴唐的求法者，講學影響韓國佛教界深遠，受到國王欽重，敕為國師，是韓國佛教的一代宗師；其廣開華嚴為宗，成為韓國華嚴宗的初祖。

曾與義相為同參道友的法藏，於唐中宗嗣聖九年，託人致書予義相，並送上自己的著作《華嚴經探玄記》，請義相批評。義相立即掩室研讀，十餘天後，令門人真定、相源、良圓、表訓四人，各講五卷，並說：「博我者藏公，起予者爾輩。」而法藏在信中道盡三十年的道情，並對義相推崇備至，尊義相為「海東新羅華嚴法師」。

其他弟子

智儼座下弟子尚有懷濟（懷齊）、慧曉、薄塵、道成、惠祐（惠招）等人；其中，懷濟才學神秀，可惜英年早逝。而慧曉、薄塵、道成等弟子，則缺相關生平資料。不過，慧曉曾夢智儼示寂之徵兆（詳見「示現」第七章）。

惠祐（或云惠招）自小師事智儼，學行精勤，致力苦修，專業《華嚴經》，尤其偏誦《六十華嚴・寶王如來性起品》三卷，以為恆業。惠祐好靜，到崇福寺之前，皆在山中禪修誦經；每於靜夜，洗漱焚香，坐於繩床上誦讀此品。某夜，正誦經時，有十餘名菩薩從地踴出，坐蓮花臺，身相金色，光明赫然，合掌跪而聽經；才誦經畢，便沒不見。惠祐私下向同參道友法藏說此靈感之事，法藏之後告訴其門人惠諒、惠雲、玄觀、如琮等，令門人對《華嚴經》更具信心。

智儼的弟子載於文獻者甚少；能調教出韓國華嚴宗初祖的義相，和華嚴教義大成的法藏，已可見智儼這位老師的不凡。當代學者湯用彤認為，智儼對華嚴宗貢獻很大，在其《隋唐佛教史稿》便言：「唐初智儼、靈辯均在關中宣弘《華嚴》，辯居慈恩（或勝光），儼住至相（終南山），其聲譽當相將。但智儼弟子有義湘、法藏，前者謂為海東華嚴初祖，法藏世推為震旦本宗第三祖。智儼之威力可知也。」

我們可以說，沒有智儼，就沒有華嚴圓教的高峰理論，更不可能有中、韓佛教巔峰理論的華嚴宗；智儼在華嚴教義上的開創性和卓越不凡的洞見，從其著作就可詳而知之。雖然智儼的學說是在法藏的繼承和發揮之下，才系統化地呈顯出華嚴宗教義之體大思精的面貌；不過，創建華嚴圓教思想的關鍵人物，終究要溯源回華嚴宗二祖——智儼大師。

附錄

智儼大師年譜（西元六〇二至六六八年）

歲數 — 西元 — 中國紀年

一歲　六〇二　隋文帝仁壽二年

母夢梵僧令齋淨身心，異香盈室，而後有娠。智儼是年誕生。

十二歲　六一三　隋煬帝大業九年

杜順到智儼家，向其父母「索兒」，帶回至相寺，令其高足達法師教誨。後蒙梵僧教授梵文。

十四歲　六一五　隋煬帝大業十一年

是年出家。之後數年之間，依常法師從學攝論思想，詞解精微。與「玄門準的」辨法師擊揚徵研，大衆皆歎智儼慧悟超凡，乃「天縱哲人」。

二十歲　六二一　唐高祖武德四年

受具足戒。後廣學經論，智儼深覺法門繁曠，不知應以何經作為終身依歸；遂於經藏前，禮而立誓，簽中《華嚴》而歸宗之，並依地論學派智正研習《華嚴》。

一年後，閱及慧光《華嚴經疏》，智儼略悟「別教一乘無盡緣起」，初啟華嚴圓頓思想的新方向。

二十七歲　六二八　唐太宗貞觀二年

異僧指點智儼，參研《華嚴經．十地品》「六相之義」，說完倏忽不見。智儼研讀未滿兩月，獲大啟悟，撰《大方廣佛華嚴經搜玄分齊通智方軌》（簡稱《搜玄記》）；七宵行道，祈問佛菩薩此疏是否正確，夢到神童，深蒙印可。此書初顯開宗立教之判。

之後，沉潛行持長達三十年之久。此期另著有《華嚴一乘十玄門》（簡稱《十玄門》）。

五十八歲　六五九　唐高宗顯慶四年

移居雲華寺，弘講《華嚴》，宗風大振，名遍寰內，緇素道俗，咸皆歸禮。

五十八歲後，著《華嚴五十要問答》（簡稱《要問答》），回應與判攝玄奘的新譯經論與唯識學。另有《無性釋論疏》。

此期之後，講經時有奇瑞，《酉陽雜俎》載：「僧儼講經，天雨花，至地咫尺而滅。夜有光燭室，敕改為雲華。」

曾患病瀕死，夢到菩薩救治，之後為表感念而建觀音堂。

六十歲　六六一　唐高宗龍朔元年

聲望高隆，皇儲沛王親自禮請為講主，並命府司優渥資助弘法。《續高僧傳》讚曰：「神用清越，振績京皋。」

法藏投其門下，後為華嚴宗三祖。

六十一歲　六六二　唐高宗龍朔二年

新羅僧義相（湘）投其門下，後為韓國華嚴宗初祖。

六十二歲　六六三　唐高宗龍朔三年

六十二歲後，著《佛說金剛般若波羅蜜經略疏》（簡稱《金剛經略疏》）；《華嚴經內章門等雜孔目章》（簡稱《孔目章》），提出華嚴五教判，奠定華嚴開宗立教之教義。

六十七歲

六六八　唐高宗總章元年

於清淨寺示寂，法藏《華嚴經傳記》記載：「時有業淨方者，其夜聞空中香樂，從西方而來，須臾還返，以為大福德人也，往生之驗。」

參考資料

一、大藏經智儼著作及其傳記資料

唐．智儼：《大方廣佛華嚴經搜玄分齊通智方軌》，大正藏三五。
唐．智儼撰，隋．杜順說：《華嚴一乘十玄門》，大正藏四五。
唐．智儼：《華嚴五十要問答》，大正藏四五。
唐．智儼：《華嚴經內章門等雜孔目章》，大正藏四五。
唐．智儼：《佛說金剛般若波羅蜜經略疏》，大正藏三三。
唐．道宣：《續高僧傳》，大正藏五〇。
唐．法藏：《華嚴經傳記》，大正藏五一。
新羅．崔致遠：《唐大薦福寺故寺主翻經大德法藏和尚傳》，大正藏五〇。
南宋．志磐：《佛祖統紀》，大正藏四九。
元．念常：《佛祖歷代通載》，大正藏四九。

清．續法：《法界宗五祖略記》，卍續藏七七。

二、華嚴相關書論

東晉．佛馱跋陀羅譯：六十卷《大方廣佛華嚴經》，大正藏九。

隋．吉藏：《華嚴遊意》，大正藏三五。

隋．杜順：《法界觀門》（保存於澄觀《華嚴法界玄鏡》），大正藏四五。

隋．杜順：《華嚴五教止觀》，大正藏四五。

唐．實叉難陀譯：八十卷《大方廣佛華嚴經》，大正藏一〇。

唐．般若譯：四十卷《大方廣佛華嚴經》，大正藏一〇。

唐．法藏：《華嚴一乘教義分齊章》，大正藏四五。

唐．法藏：《華嚴經探玄記》，大正藏三五。

新羅．義相（湘）：《華嚴一乘法界圖》，大正藏四五。

新羅．義相：《法界圖記叢髓錄》，大正藏四五。

唐．澄觀：《大方廣佛華嚴經疏》，大正藏三六。
唐．澄觀：《大方廣佛華嚴經隨疏演義鈔》，大正藏三六。
方立天：《法藏》，臺北：東大圖書公司，一九九一。
魏道儒：《中國華嚴宗通史》，江蘇古籍出版社，一九九八。
陳永革：《法藏評傳》，南京：南京大學出版社，二〇〇六。
釋法音：《智儼的緣起思想——以《搜玄記》對「現前地」的詮釋中心》，臺北：華嚴專宗佛學研究所畢業論文，二〇〇〇。
李治華：《智儼思想研究——以初期華嚴宗哲學的創立過程為主軸》，新北：輔仁大學博士論文，二〇〇八。
廖明活：《智儼判教思想的形成》，釋恆清編《佛教思想的傳承與發展》，臺北：東大圖書公司，一九九五。
廖明活：〈智儼的緣起和性起思想〉，《佛學研究中心學報》二，一九九七。

李治華：〈智儼生平及其著作考察〉，華嚴一甲子回顧學術研討會，二〇一二年四月。
李治華：〈智儼思想來源論考〉，第二屆華嚴專宗國際學術研討會，二〇一三年四月。
李治華：〈智儼的如來藏與佛性思想〉，第三屆華嚴專宗國際學術研討會，二〇一四年四月。
李治華：〈智儼的唯心思想的發展脈絡〉，第五屆華嚴專宗國際學術研討會，二〇一六年四月。
李治華：〈智儼的緣起思想——從唯心到法界緣起〉，第六屆華嚴專宗國際學術研討會，二〇一七年四月。
李治華：〈智儼的五教判〉，第七屆華嚴專宗國際學術研討會，二〇一八年四月。

日英研究

尊玄：《華嚴孔目章抄》，《大日本佛教全書》七，佛書刊行會編纂，一九八六。

凝然：《華嚴孔目章發悟記》，《大日本佛教全書》七，佛書刊行會編纂，一九八六。

凝然：《華嚴五十要問答加塵章》，《大日本佛教全書》一三，佛書刊行會編纂，一九八六。

經歷：《華嚴孔目唯識章辨義》，《大日本佛教全書》七，佛書刊行會編纂，一九八六。

賢道：《華嚴孔目十地章略箋》，《大日本佛教全書》七，佛書刊行會編纂，一九八六。

坂本幸男：《華嚴教學之研究——特以慧苑大師判教論為中心》，釋慧嶽譯，臺北：中華佛教文獻編撰社，一九七一。

木村清孝：《初期中國華嚴思想の研究》，東京：春秋社，一九七七。
鎌田茂雄：《中國華嚴史の研究》，東京：東京大學出版社，一九七八。
石井教道：《華嚴教學成立史》，京都：平樂寺書店，一九七九。
鎌田茂雄：《華嚴經講話》，釋慈怡譯，高雄：佛光出版社，一九九三。
鎌田茂雄：《華嚴の思想》，東京：講談社，一九九四。
石井公成：《華嚴思想の研究》，東京：春秋社，一九九六。
木村清孝：《中國華嚴思想史》，李惠英譯，臺北：東大圖書公司，一九九六。
梅什照智：〈智儼と判教について〉，《印度學佛教研究》六・二，一九五八。
鎌田茂雄：〈五十要問答心所有法義の基づく資料について〉，《印度學佛教研究》六・二，一九五八。
鎌田茂雄：〈智儼の宗教の思想史的役割─佛教の中國的變容─〉，《駒大佛研紀要》二一，一九六二。
木村清孝：〈二種十佛說の成立について〉，《印度學佛教研究》一五・一，一九六六。
木村清孝：〈智儼にわける「十」の觀念〉，《印度學佛教研究》一六・二，一九六七。
結成令聞：〈華嚴的初祖杜順と法界觀の著者との問題〉，《印度學佛教學研究》一八，一九六九。
木村清孝：〈金剛經略疏の三種般若思想〉，《印度學佛教研究》一八・二，一九七〇。
木村清孝：〈智儼と義湘系の華嚴思想——五海印說をぐつて——〉，《印度學佛教研究》二一・二，一九七三。
石橋真誠：〈智儼の思想的系譜〉，《印度學佛教研究》二四・二，一九七六。

中條道昭：〈朝鮮華嚴文獻よりみた智儼の傳記〉，《印度學佛教研究》二六・一，一九七七。
木村清孝：〈智儼・法藏と三階教〉，《印度學佛教研究》二七・一，一九七八。
中條道昭：〈智儼の判教について〉，《印度學佛教研究》二七・二，一九七九。
日置孝彥：〈搜玄記と一乘十玄門にみられる法界緣起の相違〉，《印度學佛教研究》二七・二，一九七九。
小林實玄：〈唐初の禪觀について——『雜孔目』の記述にみる智儼の說——〉，《印度學佛教研究》二八・二，一九八一。
石井公成：〈智儼の如來藏思想〉，《印度學佛教研究》二八・二，一九八一。
織田顯祐：〈智儼の阿梨耶識觀〉，《佛教學》一三六，一九八二。

織田顯祐：〈智儼の同別二教判〉，《印度學佛教研究》三一・二，一九八三。

織田顯祐：〈真妄から理事へ——法藏の智儼觀〉，《佛教學セミナー》四七，一九八八。

鄭舜日：〈智儼性起思想特質〉，《印度學佛教研究》三九・二，一九九一。

Robert Gimello. *Chih-yen and the Foundations of Hua-yen Buddhism*. Michigan, Ann Arbor, University Microfilms Press, 1976.

三、其他

東晉・佛陀跋陀羅譯：《大方等如來藏經》，大正藏一六。

東晉・曇遷：〈亡是非論〉（收錄於智儼《孔目章》），大正藏四五。

姚秦・鳩摩羅什譯：《妙法蓮華經》，大正藏九。

姚秦・鳩摩羅什譯：《維摩詰所說經》，大正藏一四。

後秦．鳩摩羅什譯：《梵網經》，大正藏二四。
龍樹菩薩造，後秦．鳩摩羅什譯：《大智度論》，大正藏二五。
北涼．曇無讖譯：《大般涅槃經》，大正藏一二。
元魏．菩提流支譯：《金剛般若波羅蜜經》，大正藏八。
天親菩薩造，後魏．菩提流支等譯：《十地經論》，大正藏二六。
劉宋．求那跋陀羅譯：《勝鬘師子吼一乘大方便方廣經》，大正藏一二。
劉宋．求那跋陀羅譯：《楞伽阿跋多羅寶經》，大正藏一六。
馬鳴菩薩造，梁．真諦譯：《大乘起信論》，大正藏三二。
無著菩薩造，陳．真諦譯：《攝大乘論》，大正藏三一。
世親菩薩釋，陳．真諦譯：《攝大乘論釋》，大正藏三一。
天親菩薩造，陳．真諦譯：《佛性論》，大正藏三一。
隋．慧遠：《維摩義記》，大正藏三八。
隋．慧遠：《大乘義章》，大正藏四四。

隋．慧遠：《十地經論義記》，卍續藏四五。
隋．智顗：《摩訶止觀》，大正藏四六。
隋．吉藏：《中觀論疏》，大正藏四二。
隋．吉藏：《百論疏》，大正藏四二。
彌勒菩薩造，唐．玄奘譯：《瑜伽師地論》，大正藏三〇。
無著菩薩造，唐．玄奘譯：《顯揚勝教論》，大正藏三一。
護法等菩薩造，唐．玄奘譯：《成唯識論》，大正藏三一。
世親菩薩釋，唐．玄奘譯：《攝大乘論釋》，大正藏三一。
無性菩薩造，唐．玄奘譯：《攝大乘論釋》，大正藏三一。
唐．法藏：《十二門論宗致義記》，大正藏四二。
呂澂：《中國佛學源流略講》，臺北：里仁書局，一九八五。
楊惠南：《吉藏》，臺北：東大圖書公司，一九八九。
釋印順：《攝大乘論講記》，臺北：正聞出版社，一九九八。

洪修平：《禪宗思想的形成與發展》，高雄：佛光出版社，一九九一。
中村元：《東方民族的思維方法》，林太、馬小鶴譯，臺北：淑馨出版社，一九九一。
楊曾文：〈三階教教義研究〉，《佛學研究》三，一九九四。
釋聖凱：《攝論學派研究》，北京：宗教文化出版社，二〇〇六。
葉珠紅：〈三階教滅亡芻議〉，《與大人文學報》三九，二〇〇七。

國家圖書館出版品預行編目(CIP)資料

智儼大師：華嚴宗義創建者／李治華、陳琪瑛編撰 — 初版
臺北市：經典雜誌，慈濟傳播人文志業基金會，2023.12
400 面；15×21 公分 —（高僧傳）
ISBN 978-626-7205-36-5（精裝）
1.CST:（唐）釋智儼 2.CST: 佛教傳記
229.341 112000963

智儼大師——華嚴宗義創建者

創 辦 人／釋證嚴

編 撰 者／李治華、陳琪瑛
主編暨責任編輯／賴志銘
行政編輯／涂慶鐘
美術指導／邱宇陞
插圖繪者／徐淑貞
美術編輯／徐淑貞
校對志工／林旭初

發 行 人／王端正
合心精進長／姚仁祿
傳 播 長／王志宏

出 版 者／經典雜誌
慈濟傳播人文志業基金會
112019臺北市北投區立德路2號
客服專線／（02）28989991
傳真專線／（02）28989993
劃撥帳號／19924552 戶名／經典雜誌
印 製／新豪華製版印刷股份有限公司
經 銷 商／聯合發行股份有限公司
231028新北市新店區寶橋路235巷6弄6號2樓
（02）29178022
出版日期／2023年12月初版一刷
定 價／新臺幣380元